SUR

LE DROIT D'AÎNESSE

ET

LES SUBSTITUTIONS.

IMPRIMERIE DE C. J. TROUVÉ,
rue Notre-Dame-des-Victoires, n° 16

SUR

LE DROIT D'AÎNESSE

ET

LES SUBSTITUTIONS,

DEPUIS LES ÉGYPTIENS;

SUIVI

DE CONSIDÉRATIONS SUR LE LIVRE DE L'ESPRIT DES LOIS.

Experientia est scientia.
L'expérience est la science.

PAR D.

A PARIS,

CHEZ TROUVÉ, LIBRAIRE,
RUE NOTRE-DAME-DES-VICTOIRES, N° 16.

1827.

AVANT-PROPOS.

ATTENTIF aux principales questions qui agitent le monde politique, et n'étant point satisfait de ce qui se disait en dernier lieu pour ou contre le rétablissement du droit d'aînesse, j'avais d'abord eu l'intention de chercher à rectifier les idées à ce sujet, en remettant sous les yeux du public une traduction de la Genèse, où l'auteur le plus grave de l'antiquité, et qui fut le plus à même de juger des avantages et des inconvéniens de ce droit, Moïse, y a trouvé matière à plaisanterie; mais j'avais soin de démontrer, par l'institution de l'hérédité pour la grande prêtrise, qu'il en avait reconnu toute l'importance politique; et c'est encore par cette traduction que je commence dans cet opuscule.

Et comme, dans nos temps difficultueux, les amis de la monarchie peuvent avoir des motifs de craindre pour son raffermissement, j'ai cru nécessaire de joindre à cet inappréciable suffrage d'un grand législateur, les leçons que les Romains nous ont laissées en ce genre, tant avant qu'après leur république. Ces leçons étant de diverses sortes, j'ai dû, pour les faire ressortir, traiter de nouveau des choses connues de tout le monde, mais qui n'avaient jamais été considérées sous leur véritable jour. Enfin, je rappelle ce qui a eu lieu à cet égard chez les peuples qui ont envahi l'empire d'Occident, jusqu'à l'époque où les Valois invoquèrent le principe consacré par la loi salique, pour établir leurs droits à la couronne de France.

Le sujet me conduisait naturellement à examiner ce que l'auteur de l'*Esprit des lois* a dit touchant cette loi, et, par suite,

touchant l'établissement des Francs et celui des fiefs dans les Gaules; et ce que j'ai
vu m'a fait sentir la nécessité de rétablir
les faits relatifs aux premiers temps de
notre histoire : c'est au lecteur à juger si
j'en ai bien ressaisi les fils principaux. J'ai
trouvé dans cet examen l'occasion de combattre les sentimens de Montesquieu sur
les fédérations de républiques homogènes,
et je l'ai fait avec d'autant plus d'abandon,
que ce qui se passe aujourd'hui dans l'autre
hémisphère rend plus importante la solu-
tion de cette question, qui, d'ailleurs, se
rattache à la première.

J'aurais bien des motifs de demander
grâce pour le style; mais, si je suis compris, si mon travail peut concourir à con-
tre-balancer l'effet de sentimens qui en-
traînent toujours tant de maux à leur
suite, mon ambition sera satisfaite.

DROIT D'AÎNESSE

ET

SUBSTITUTIONS.

CHAPITRE PREMIER.

Droit d'aînesse comme institution civile.

RÉBECCA mit au monde deux fils jumeaux. Le premier qui parut était roux et hérissé de poil comme un manteau : son nom fut Esaü. Le second vint en tenant d'une main son frère par le pied : on l'appela Jacob. Esaü fut habile à la chasse, et laboureur; Jacob, homme simple, habita dans les tentes.

Isaac aimait Esaü, Rébecca aimait Jacob. Un jour que Jacob faisait cuire des lentilles, Esaü arriva des champs fatigué, et lui dit : « Donne-moi, je te prie, de cette fricassée rousse, car je me meurs de faim. » Jacob lui répondit : « Vends-moi donc ton droit d'aînesse ». De quoi mon droit me servira-t-il, dit Esaü, si je meurs de faim ? » et aussitôt il jura qu'il le lui vendait ; et, ayant mangé et bu, il s'en alla, se souciant peu d'avoir cédé son droit d'aînesse. De là le nom d'Esaü-le-Roux, qui lui fut donné par la suite.

Isaac étant devenu vieux, ses yeux s'étaient obscurcis. Appelant son fils aîné Esaü, il lui dit : « Tu vois que je suis vieux, et j'ignore le jour de ma mort ; prends donc ton carquois et ton arc, va-t-en aux champs, apporte-moi ce que tu auras pris, fais-m'en un mets comme tu sais que je les aime, afin que je m'en régale, et que mon âme te bénisse avant que la mort ne me surprenne. »

Rébecca, ayant entendu cela, en avertit son fils Jacob, et lui dit : « Va au troupeau, prends-y deux des meilleurs chevreaux, et me les apporte, afin que j'en fasse un mets du goût de ton père, et qu'il te bénisse toi-même. » Jacob dit : « Esaü est velu, et j'ai la peau douce ; si mon père vient à me tâter, il reconnaîtra la supercherie, et au lieu de sa bénédiction, ce sera sa malédiction que j'aurai attirée sur moi. » — « Que cette malédiction soit sur moi, mon fils, répartit Rébecca, et fais seulement ce que je te dirai. » Jacob alla donc au troupeau, en apporta deux chevreaux, prit les beaux habits d'Esaü, s'en habilla, se laissa couvrir les mains et le cou de la peau des chevreaux; puis, posant devant Isaac les mets et le pain que sa mère avait cuits, il lui dit : « Lève-toi, mon père ; asseids-toi, et mange de ma chasse, afin que ton âme me bénisse. » Isaac dit : « Comment as-tu pu trouver si tôt du gibier?... » Jacob répondit : « La volonté de Dieu a été que j'en trouvasse tout de suite. » Sur quoi Isaac reprit : « Approche-toi, que je te touche, afin que je m'assure si tu es mon fils ou non. » Jacob s'approcha, et son père, l'ayant tâté, dit : « La voix est la voix de Jacob, mais les mains sont les mains d'Esaü. » Et il bénit son fils. Lui ayant encore demandé s'il était Esaü, Jacob répondit : « Je le suis. »—« Apporte-moi donc de ta chasse, mon fils, » dit Isaac, et Jacob donna à manger à son père. Il lui présenta aussi du vin qu'il but ; et Isaac, ayant fait approcher son fils, l'ayant baisé, et ayant senti l'odeur des habits d'Esaü, dit : « Voilà l'odeur de mon fils, comme l'odeur d'un champ rempli béni du Seigneur. Que Dieu te donne de la rosée du Ciel et de la graisse de la terre, abondance de blé et de vin ! que les peuples te servent ! que les tribus t'adorent ! Sois le seigneur de tes frères, et que les enfans de ta mère soient courbés devant toi ! » Et à peine avait-il achevé son discours, et Jacob était-il sorti, qu'Esaü rentra des champs. Ayant apporté sa chasse à son père, il lui dit : « Lève-toi, mon père, pour manger de la chasse de ton fils, et afin que ton âme le bénisse. » Isaac dit, d'une voix forte : « Qui es-tu ? » —« Je suis ton premier né, Esaü, » répondit celui-ci. Isaac, stupéfait, et admirant la chose plus qu'on ne peut croire, dit : « Quel est donc celui qui m'a apporté de la chasse que j'ai mangée avant que tu vinsses ? Je l'ai béni, et il sera béni. » A ces mots, Esaü se mit à braire comme un âne, et, tout consterné, s'écria : « Bénis-moi aussi, mon père ! » Isaac ajouta : « Ton frère est venu frauduleusement à moi, et m'a surpris ta bénédiction. » Esaü répartit : « C'est justement qu'on l'appelle Jacob (1), car il m'a supplanté deux fois : la première, en me surprenant mon droit d'aînesse, et celle-ci, en me dérobant ta bénédiction. Mais n'y aura-t-il pas aussi de bénédiction pour moi ? » Isaac répondit : « Je l'ai établi ton maître, et lui ai soumis tous ses frères ; il aura le blé et le vin ; après cela, que puis-je faire pour toi ? » Esaü lui dit : « Père, n'as-tu qu'une bénédiction ? bénis-moi

---

(1) Jacob signifiait supplanteur.

aussi, je t'en conjure ! » Et il pleurait, en jetant de grands cris. Isaac, ému, dit alors : « Eh bien ! dans la graisse de la terre et dans la rosée du Ciel sera ta bénédiction; tu vivras de ton épée, et tu serviras ton frère : le temps viendra où tu secoueras le joug de ton cou. »

Tel fut, sur le droit d'aînesse et les substitutions, comme institution civile, la manière de voir de Moïse, cet historien moraliste par excellence, et aussi grand législateur dans le même genre, mais que les modernes n'ont pas encore compris, pas même ceux qui sont censés le prendre plus particulièrement pour guide, et qui, par des motifs quelconques, prétendent s'arroger le droit de l'interpréter; tandis que ce grand homme a pris un soin si spécial de faire ressortir ses préceptes par des exemples tirés, soit de l'histoire et des choses du monde, soit de la connaissance des choses de Dieu, de celle de la nature et du cœur humain (1).

Et cependant le droit de primogéniture semblerait devoir appartenir plus particulièrement à l'Egypte, dont le sol productif restreint et la

---

(1) La Genèse commence à l'origine du monde, et finit par Joseph, dont l'administration lie l'histoire des Israélites à celle des Egyptiens.

position géographique font de la possession des terres un objet constant de convoitise pour les peuples et de soins pour l'administration (1).

Mais l'importance politique de ce droit ne pouvait échapper à la sagacité de Moïse, et si on le voit laisser quelque temps en suspens l'héritage de la grande prêtrise, ce ne fut ni qu'il hésitât sur le principe, ni parce qu'il se sentait contraint de ménager à cet égard l'opinion de son peuple : ce peuple s'était entièrement abandonné à lui ; il n'était pas non plus guidé par un intérêt de famille, témoin ce jeune lévite de Bethléem de Judas, Jonathan, son petit-fils, qui, dès avant que la tribu de Dan ait pu se placer entièrement, fut contraint de courir le pays pour trouver à subsister (2). Ce qui le retenait, vu surtout la situation des choses, c'était la crainte du relâchement dans les devoirs ; témoin la circonstance de la nomination de Phinée.

---

(1) Voyez la division des terres dans ce pays, et les travaux entrepris pour accroître et régulariser l'effet des inondations du Nil.

(2) C'est à l'occasion de Jonathan que l'historien hébreux, qui se plaît à suivre cette descendance de la famille de Moïse jusqu'au moment où la tribu de Dan fut emmenée captive, nous la montre desservant l'autel de Mi-

C'est donc comme institution civile que Moïse condamnait le droit d'aînesse. En effet, l'histoire de l'Égypte nous montre ce pays en proie à toutes

---

chas [*], pendant tout le temps que l'arche fut à Silo, malgré la, défense instante et sévère de sacrifier ailleurs que devant cette arche [**]; et cet exemple justifie d'autant plus pour nous la recommandation en faveur du lévite, recommandation, par parenthèse, que Moïse renouvela si expressément en mourant [***], et qui fit même le sujet de son dernier entretien, que l'à-propos s'en fait sentir davantage, quand on considère que la renonciation des peuples à la croyance en un seul Dieu avait non-seulement mis le clergé à la solde de chaque culte, mais que, parmi ces peuples, les uns, et c'était le plus grand nombre, étant tombés dans le matérialisme, les autres s'étant jetés dans l'athéisme ou dans le pur déisme, tous prétendant plus ou moins se suffire à eux-mêmes, le lévite en était plus exposé à l'oubli, même à l'injure [****]. Mais cet exemple, qui d'ailleurs s'offre si bien dans l'histoire à l'appui des institutions des Hébreux, ne peut être ici qu'un témoignage de plus que cet objet ne se rattache pas implicitement à l'existence du droit d'aînesse et des substitutions, puisque, au contraire, Moïse cherchait à en détruire l'esprit [*****].

[*] Voyez cette anecdote dans le *Livre des juges.*

[**] Moïse le défendit sous peine de mort.

[***] Ayez soin du lévite, n'oubliez pas le lévite. (Fin de l'*Exode.*)

[****] Voyez toute l'histoire de la période, et en particulier la *Vie de Moïse* et l'*Iliade* d'Homère.

[*****] Voyez la bénédiction, par Jacob, des deux fils de Joseph, Ephraïm et Manassé.

sortes de bouleversemens et de maux, par l'extension de ce principe à toutes les classes de la société, à tous les emplois ou fonctions, tant publics que particuliers, en un mot, à tous les moyens d'existence de la société et des peuples (1). C'est là la clef de tous ses événemens, de quelque nature qu'ils ayent été : ceux relatifs même à la religion s'y rattachant d'une manière immédiate, ainsi que nous le verrons plus bas. Cette clef donne le sens à l'administration de Joseph (2); elle explique cette épouvantable particularité de la sortie d'Egypte des Israélites, et qui fut à la fois le signal de leur départ, et comme le gage de la durée de leur séparation d'avec les Egyptiens; savoir, que le fer exterminateur tomba sur tous les premiers nés de ces derniers, depuis le fils aîné du roi, jusqu'au fils aîné de l'esclave, jusque sur les premiers nés des animaux (3).

---

(1) Depuis le sacerdoce jusqu'à l'esclavage.
(2) Voyez dans la Genèse.
(3) Exode.

CHAPITRE II.

Effets subséquens de l'absence du droit d'aînesse pour la succession aux Trônes.

D'autre part, l'histoire de Grèce nous apprend qu'aussitôt que les oracles eurent commencé à troubler les successions aux trônes divers de ce pays, par des motifs, soit de mœurs, soit autres, les peuples, entraînés ou enhardis par ces exemples, s'en élancèrent plus franchement vers le régime républicain.

A Rome, l'élection au trône, consacrée par la disparition de Romulus du milieu du sénat, tient les Tarquins en éveil, et ils sont chassés pour avoir cherché à établir l'hérédité.

Si, lors du retour des Romains à la monarchie, retour suffisamment expliqué aujourd'hui par la situation des choses d'alors et par la disposition des esprits, le sénat avait eu la sagesse d'adopter César, il serait résulté de cette première mesure des concessions réciproques d'autant plus appréciables que ce grand homme était plus généreux, et plus capable en même temps de juger ce que l'avenir avait droit d'attendre de son habileté; et d'abord, la tranquillité de l'État, et par elle la paix du monde (1), eussent été assurées, au moins pour toute la durée de sa vie. En second lieu, la consistance que ces concessions auraient acquise par le fait de cette première durée, se serait accrue encore par le soin que César prenait de pourvoir à sa succession, lorsqu'un assassinat, dans le sein même du sénat, rompit le premier anneau de la chaîne qui dorénavant devait unir, de gré ou de force, ce corps aux empereurs.

Mais le sénat, ennemi né des rois, tant par sa position que par son esprit, ou par l'effet de son organisation primitive, qui, depuis Cassius jusqu'aux Gracques, s'etait servi de l'accusation de royalisme pour se défaire de ses ennemis particuliers, de quelque nature qu'ils eussent été, à quelque classe qu'ils eussent appartenu, et, depuis Jugurtha, se faisait un jeu de ravaler le titre et la qualité de roi dans la per-

_____

(1) La guerre des Parthes, et peut-être quelques autres mesures encore dans ce genre, ne pouvaient que l'affermir.

sonne de tous ceux que le sort des armes sou-
mettait à son autorité, ou seulement à son influence; qui, après avoir jeté le trouble dans
leurs États ou dans leurs familles, tantôt en
soufflant la révolte, tantôt en influant sur leurs
successions, et les avoir dépouillés après les avoir
trahis, les traitait en sujets, en esclaves, quelquefois même en criminels, et qui avait toujours agi de même envers tous les peuples, ne
devait pas céder bénévolement à un sentiment
de bien-être général, et chacun de ses membres
encore moins facilement faire le sacrifice de ses
intérêts particuliers (1). Il fallut recourir à
Octave.

Mais Octave n'avait rien de ce qui constitue
le grand homme : contraint de pourvoir à sa
sûreté, et délivré ensuite de toute concurrence
par l'appui de Cicéron, qui auparavant s'était
éloigné de César, il se contenta d'une supré-
matie qui n'eût de rapport qu'à sa personne,
laissant l'empire entre la république et la monarchie, et les provinces surtout à la merci des
officiers du second ordre (2).

---

(1) Voyez dans les *Lettres à Atticus* le désespoir des
sénateurs sur la perte de leurs clientelles et de leurs occupations.

(2) Licinus, du pays des Gaules, levait treize fois l'im-

Toutefois encore, et puisque par lui l'existence d'un chef suprême dans l'Etat devenait un principe (1), si, à défaut d'une institution spéciale sur le mode de succéder à ses fonctions, la loi civile des Romains sur les successions n'avait pas tant laissé à l'arbitraire des pères, l'état de choses auquel cette fois le sénat avait consenti, aurait pu prendre une assiette en raison des restrictions apportées à cet arbitraire, et les idées se fussent fixées d'autant. On n'eût pas vu, dès Octave même, et par cette cause, toutes ces vacillations dans les esprits et dans la conduite tant des empereurs que du sénat, qui perpétuèrent les troubles, et qui finirent par faire perdre aux Romains de toutes les classes le fil de leurs événemens, lors surtout qu'il s'y fut joint des événemens d'autre nature, et principalement des attaques par les Barbares, lesquelles semblent avoir fait pressentir, dès l'époque même dont nous parlons, qu'il s'agissait

---

pôt. Des plaintes ayant été portées, il fit voir à Auguste ses coffres pleins, en lui disant qu'il avait agi ainsi pour son service. Auguste lui pardonna.

(1) Voyez dans sa vie tout ce qui a rapport à la prolongation de ses titres, et aux déférences successives du sénat.

à la fois, pour les uns comme pour les autres, de l'existence politique et sociale (1). Mais la loi romaine, en permettant au père de vendre ses enfans jusqu'à trois fois, et même de les faire mourir (2), lui avait aussi donné le droit d'en adopter d'autres; et cette mesure, moins entachée de cruauté que la première en apparence, mais qui n'en est pas moins barbare, suppose d'ailleurs toujours patentes la sagesse et l'impartialité du père, tout au moins sa prévoyance, et dans les intéressés une imperturbable résignation : loin de là, elle exaltait toutes les passions; et les crimes de divers genres auxquels elle donnait lieu, et dont le secret était resté jusqu'alors renfermé dans l'enceinte du foyer

---

(1) Je veux parler du massacre des légions de Varus par les Germains, dans lequel ces peuples coupèrent le nez, les oreilles et les mains à ceux qu'ils firent prisonniers. Arrachant la langue aux avocats, ils les apostrophaient par ces mots : « Langue de vipère, cesse de siffler! » La consternation fut dans Rome : le bruit courut que les Barbares s'avançaient de toutes parts; les portes de la ville furent fermées; on enrôla le cinquième des hommes, en prenant même parmi les affranchis. Auguste, se frappant la tête contre les murs de son palais, s'écriait : « Varus, rends-moi mes légions! » Il porta le deuil pendant plusieurs jours.

(2) Cette loi date déjà du temps de Romulus.

domestique, allaient désormais se divulguer, et leurs différens effets rejaillir à la fois sur les citoyens et l'empire.

Octave tombe malade; il n'a que des petits-fils en bas âge, et parmi ses gendres, Agrippa, guerrier illustre, ministre habile, et son ami : se croyant en danger de mourir, il lui donne son anneau en signe d'adoption. Marcellus, son autre gendre, en ressent une vive jalousie; et Octave ayant guéri, une intrigue de famille fait exiler Agrippa.

Marcellus meurt, et Livie, qu'Octave a enlevée à son mari, bien qu'elle en fût enceinte, et que les Romains n'aimaient pas, est soupçonnée par eux de l'avoir empoisonné, afin d'aplanir d'autant le chemin du trône à Tibère.

Tibère répudie sa femme Vipsanie, qu'il aimait cependant, pour épouser, par ordre de l'empereur, Julie qu'il méprisait, et qui était veuve d'Agrippa, mais dont l'alliance l'approchait du trône. Il a un frère, c'est Drusus, que les légions des Gaules saluent du titre d'empereur par suite de ses victoires sur les Germains. Drusus a manifesté des sentimens républicains. Il meurt, et Octave et Tibère sont soupçonnés de s'être entendus pour le faire périr, comme avait péri Marcellus.

Tibère reçoit le commandement à la place de
son frère : il remporte aussi quelques avantages
sur les Germains ; il triomphe, et Octave lui
accorde le titre d'empereur qu'il avait refusé
à Drusus. Peu après, il est encore nommé tribun
pour vingt ans, et a la commission de pacifier
l'Arménie.

Caïus-César, fils aîné d'Agrippa, devient
jaloux de tant de faveurs. Octave, pour l'apaiser, lui en prodigue d'autres ; il a peine à en
venir à bout. Tibère, jaloux à son tour de tant
de soins, s'exile à Rhodes, où il résiste pendant
sept ans à toutes les sollicitations possibles de sa
mère et d'Octave pour le faire revenir. Lucius,
second fils d'Agrippa, meurt dans son gouvernement d'Espagne ; Caïus succombe en Arménie, en détrônant Tigranne ; et Agrippa, le troisième des frères, est privé de ses droits, et exilé à
Planasie.

Octave adopte Tibère, que, d'après la teneur de son testament, il n'aimait pas (1),
l'oblige, par le même acte, à adopter Germanicus, fils de Drusus, bien qu'il eût un fils ;

______

(1) Puisque je suis malheureusement privé de mes deux
petits-fils, Caïus et Lucius, je déclare Tibère mon successeur.

ajoute à ces dispositions la demande que le sénat veuille bien y avoir égard. Il meurt, et Livie est encore censée avoir fait usage du poison, dans la crainte que lui aurait inspirée un retour de tendresse de l'empereur pour Agrippa, que Tibère envoie poignarder aussitôt.

Déjà de noirs pressentimens s'élevaient de toutes parts contre Tibère. Nous venons de le voir jaloux, peu sensible, ou sachant maîtriser ses affections ; fourbe, particulièrement envers Octave, avec lequel cependant il aurait été d'accord par un éloignement égal pour les sentimens républicains, et qui même l'aurait fait consentir à un fratricide. Il s'est montré opiniâtre, cruel. Les Rhodiens enfin ont reconnu son penchant pour la débauche et la tyrannie ; et c'est Tacite qui parle. Mais Tacite, d'une famille sénatoriale, sénateur lui-même, puis consul, et scrutant la vie des Césars au moment où le sénat, convaincu de la nécessité d'ajourner ses projets de république, mais se voyant en position d'avoir un empereur de son choix, cherchait à tirer parti de cette circonstance pour reprendre une prépondérance dont la perte l'avait affecté si vivement, met le lecteur d'autant plus dans le cas de se tenir sur la réserve, que les écrivains de l'époque se sont attachés davantage aux personnes (1), et que, malgré leurs desirs d'être justes, ils considéraient plus les hommes dont ils nous ont donné la vie, dans leurs rapports avec les choses de la période qui s'achevait (2), que dans ce qu'ils auraient pu ou dû être à des époques différentes et surtout contraires. Il importe donc de porter une nouvelle attention à la partie de l'histoire qu'il a traitée ; les auteurs qui sont venus après lui, reconnaissant généralement qu'ils s'en sont tenus à cet égard à son énoncé.

Relativement à l'avènement de Tibère, il suffit d'un simple coup-d'œil sur le passé, sur la manière dont le pouvoir avait été recueilli par les Césars, sur la situation des choses à la mort d'Octave, et que sa vie privée (3), ainsi que ses mesures politiques (4), avaient comme consacrées, pour faire concevoir que le sénat l'ait regardé comme une usurpation nouvelle, pire que la première, surtout en ce qu'elle

____

(1) Plutarque était contemporain de Tacite.

(2) Cette période, commençant à la première dislocation du grand empire des Assyriens, finit avec les Romains.

(3) Voyez la *Vie d'Auguste*.

(4) Voyez sa division de l'empire, et autres mesures administratives.

avait de contraire au rétablissement de la république, auquel se rattachaient toutes ses idées comme ses espérances particulières. Il est juste cependant d'ajouter qu'en cédant au premier César, le sénat avait cédé à la fortune et au génie d'un grand homme; qu'en s'humiliant sous Octave, il avait accordé à la lassitude ce que peut-être il aurait pu refuser à la nécessité, et que le caractère de ces princes ne lui avait pas offert d'équivoque; tandis que, cette fois, indépendamment des dispositions personnelles de Tibère, et dont alors il aurait été possible de prévoir les suites; malgré des talens réels, mais dont personne ne voulait lui savoir gré, c'était établir par un simple arrangement de famille un principe qu'il avait été loin de reconnaître, lorsque le cas s'en était présenté pour la première fois, et sur lequel il s'était sans doute réservé de statuer comme il se le réserva toujours; qu'ainsi l'orgueil tout au moins se trouvait intéressé. Enfin, le moyen par lequel Tibère était entré dans la famille des Césars, quoique commun alors, pouvait servir de texte aux mécontens, à une époque surtout où le généreux principe européen sur les mœurs commençait à s'élever contre la dissolution que les Romains portaient partout avec eux et avec le caractère de despotisme qui leur était propre. Du reste, si les républicains pouvaient alléguer que le cas de succession se présentait véritablement pour la première fois, les partisans de Tibère pouvaient répondre que c'était cette raison même qui le portait à imposer au sénat, tout en protestant de sa déférence, et en demandant qu'il le reconnût.

Et peut-être que l'exécution de ce plan, auquel personne ne s'était attendu, ou ne put parer, fut ce qui fit supposer d'abord des crimes là où il n'y en aurait pas eu de commis.

La conduite des Césars, dont parle Tacite, et généralement de tous les empereurs jusqu'à Constantin, qui établit l'hérédité, et même jusqu'à la fin de l'empire, au milieu de l'exercice de ce droit, n'offre plus dans leurs rapports avec le sénat, comme dans ceux du sénat avec eux, ainsi que dans quantité de faits particuliers, tant d'une part que de l'autre, que la conséquence de la lutte dont nous venons de développer l'esprit et le caractère : lutte qui, à dater de Constantin même, se perd insensiblement dans les discussions théologiques, après avoir passé par le théâtre.

Revenons à notre sujet.

Tibère a, comme Octave, vu périr toute sa

famille, tombée victime de l'ambition de Séjan, son ministre et son favori, qui cherchait par ce moyen à s'ouvrir un chemin au trône. Tibère conçoit des craintes pour lui-même ; le poignard le délivre. Il lui restait un petit-fils en bas-âge ; il lui donne Caligula pour cohéritier.

Caligula se méprend à une léthargie de l'empereur, et craignant les suites du réveil, il engage et aide le préfet du palais à l'étouffer. Quelque temps après, il fait mourir le jeune Tibère, le trouvant, dit-il, trop efféminé.

Caligula, que les Romains ont soupçonné de folie, bien qu'il mît dans sa conduite envers le sénat, comme dans ses divertissemens, toute l'intelligence et la suite que permettent les passions, mais dont l'exaltation des idées justifiait un pareil soupçon, est bientôt remplacé par Claude, que des soldats tirent de derrière une tapisserie où il se tenait caché pendant le sac du palais, et qu'ils proclament empereur ; tandis que le sénat rendait déjà des décrets concernant la république.

Claude fait mourir Messaline pour ses débauches et ses intrigues, épouse Agrippine, fille de Germanicus, sa nièce par conséquent, et qui était mère de Néron, et sacrifie les espérances de Britannicus, son propre fils. Sur la dénonciation d'affranchis qui, depuis Messaline, étaient le noyau de toutes les intrigues de la cour, il paraît se repentir; et, faisant allusion à Messaline, menace dans un moment d'ivresse : il est empoisonné par Procuste, dont l'apparition, l'art magique, ainsi que la présence d'Agrippine au chevet du lit de son mari, jusqu'à ce qu'il eût rendu le dernier soupir, dont les soins, après la mort, pour assurer le succès de ses mesures en faveur de son fils, font dans les annales une succession de tableaux destinés à préparer le lecteur au règne de Néron.

Néron, dont le nom est devenu synonymique, en servant à désigner les tyrans les plus cruels, est pendant cinq ans, au dire de Trajan même, l'espoir et presque l'orgueil du sénat, tant par ses déférences que par sa conduite personnelle, et par les sentimens qu'il manifeste. Mais Agrippine veut gouverner sous le nom de son fils; elle est secondée dans ses desseins par Burrhus, et particulièrement par Sénèque, qui, pour distraire le jeune prince, flatte son penchant pour le plaisir; et l'on ne tarde pas à découvrir le vide, pour ne rien dire de plus, que les leçons du rhéteur ont laissé dans l'âme de son élève.

Afin de régner sans crainte comme sans contradiction, Néron empoisonne dans un festin
public Britannicus, dont Agrippine a eu l'imprudence de le menacer. Il se défait d'Agrippine elle-même par le meurtre, après avoir essayé vainement de la noyer. Sénèque, qui a
souffert ce crime, s'il ne l'a conseillé (1), est contraint de se faire ouvrir les veines dans un bain.
Burrhus meurt : on le croit empoisonné. Depuis
lors, les meurtres, les exécutions juridiques et
en masse contre les chrétiens, contre les juifs ;
les extorsions particulières, le dépouillement
des provinces, le meurtre de sa femme, afin de
pouvoir satisfaire l'ambition de sa maîtresse ; un
goût effréné pour les représentations théâtrales,
dans lesquelles il figurait comme auteur et
comme acteur, ainsi que pour les courses de
char et autres jeux que l'on admirait encore
dans la Grèce, et que les Romains de l'ancienne
roche continuaient à mépriser ; Rome qu'il
brûle en chantant l'épithalame de l'incendie
de Troie, pour la rebâtir plus belle, et avoir
de l'emplacement pour un palais et des jardins ;
des entreprises dont le travail et la dépense sur

---

(1) Voyez l'histoire. Il avait composé l'apothéose de
Claude, que Néron avait prononcée dans le sénat.

passent de beaucoup l'utilité : telles sont ses occupations, tels sont ses plaisirs, tel est l'emploi du reste de sa vie.

Divers particuliers avaient déjà conspiré contre lui, tous avaient échoué successivement dans leurs tentatives; enfin un soulèvement général met le tyran à la disposition du sénat, qui a le plaisir de lui envoyer signifier qu'il le condamne à la rigueur des anciennes lois contre les ennemis de l'Etat (1).

Dans cette conjoncture, chaque armée élit ou se montre disposée à élire un empereur. Celle d'Espagne offre ce titre à Galba, dont les ancêtres remontaient à Cicéron, et qui le refuse : le sénat le proclame son lieutenant.

Galba, avare, faible, injuste et cruel, mécontente toutes les classes. Les légions de Germanie, qui avaient été les dernières à le reconnaître, craignent sa vengeance, et élisent Vitellius. Galba adopte Pison, de la famille des Crassus et des Pompées, en lui disant « *qu'il se serait senti digne de rétablir la république, si l'empire avait pu se passer d'un chef* » ... Tous deux périssent par les gens d'Othon, qui se suicide

____

(1) Néron ignorait la valeur de l'expression; il la demanda, et eut de la peine à prévenir l'exécuteur.

après une victoire que les troupes de Vitellius
ont remportée sur les siennes (1) ; et, après deux
ans de règne, Vitellius est dégradé en place
publique, massacré par le peuple, et remplacé
par Vespasien, « sous lequel, dit Bossuet,
l'empire fatigué se reposa (2). Mais ce ne fut
pas pour long-temps.

Titus, fils et successeur de Vespasien, offre
en vain aux Romains, dans la personne de Bé-
rénice, un aimable symbole de l'alliance de la
royauté avec la république; leur orgueil s'en
trouve blessé, et, comme les triumvirs après le
meurtre de César, Domitien, le frère même de
Titus (3), se charge de les en faire repentir. Un
assassinat, dans lequel la maîtresse du tyran
figure au nombre des conjurés, laisse enfin le
champ libre au sénat, qui en profite pour élire
Nerva.

La nomination de Nerva, vieillard respec-
table, mais dont l'âge, les habitudes, et même
les goûts, contrastaient avec le titre et les fonctions d'empereur, humilie l'armée, et fait ajou-

---

(1) Aucun des deux chefs n'était à la tête des siens, et
les Romains ne savaient déjà plus faire la guerre.

(2) *Discours sur l'Histoire universelle.*

(3) Appelé dans l'histoire les délices des Romains.

ter au mépris et à la haine qu'elle portait déjà à ce corps (1). Nerva adopte Trajan, et les idées comme les choses commencent à prendre une assiette.

C'est ici l'époque si chère à la philosophie, où les vertus personnelles s'alliant dans Trajan, dans Antonin et dans Marc-Aurèle, avec les talens propres à la politique, firent oublier aux Romains leurs malheurs passés, mais ne changèrent rien à l'état des choses; au contraire, l'impéritie de Commode, frère de Marc-Aurèle, les rappela tous.

Depuis Nerva, tous les efforts comme toute la politique du sénat ont pour but de faire de l'élection un droit exclusif entre ses mains, ne l'abandonnant aux empereurs que dans des cas de nécessité, rarement par confiance, plutôt que de le voir exercer par l'armée ou par le peuple qui le lui disputaient tour à tour ou ensemble, en en faisant usage ensemble aussi, ou séparément.

Mais déjà le temps était arrivé où des Daces, des Goths et des Arabes; où un Elagabale, pré-

---

(1) La haine avait déjà fait interdire le commandement militaire à tous ceux qui faisaient ou qui feraient partie du sénat.

férant la grande prêtrise d'un dieu de l'Asie mineure, et dont il était revêtu, à la grande prêtrise de Jupiter même, au sceptre des Césars, devait régner sur les Romains, que leur orgueil portait à dédaigner de s'allier individuellement à eux; où des femmes, dont le sexe était autrefois tenu si strictement à l'écart dans les affaires publiques, devaient en prendre la direction (1), devaient même s'asseoir sur le trône, par suite des événemens que nous décrivons, et lorsque le siége de l'empire serait transféré à Byzance; où de vils eunuques seraient élevés au rang des Césars, mis à la tête de l'administration et des armées, et ne craindraient pas de s'y montrer jaloux et absolus.

Après divers règnes, dans lesquels quelques princes avaient arrêté les désordres par leur sévérité, expression, par parenthèse, qui, comparée aux moyens dont ils faisaient usage, sert aujourd'hui à faire connaître d'autant l'inhumanité de l'époque (2), plus de trente tyrans, dans le cours de trente années, s'étaient partagé et disputé la domination.

---

(1) *Moesa.*

(2) *Vies de Septime Sévère, d'Alexandre Sévère* et d'autres.

Les Perses, et généralement les Barbares, avaient profité de cette circonstance pour pénétrer dans l'empire, les provinces, pour se soulever : les peuples des Gaules, de l'Espagne et de la Grande-Bretagne, avaient élu d'abord un empereur, ensuite les deux premières se réunirent sous un seul (1).

Aurélien rétablit l'ordre (2).

---

(1) Sous Postumius, et après sous Tétricus.

Les Goths avaient fait peu auparavant une irruption épouvantable vers le Bas-Danube, et avaient pénétré jusqu'à Athènes, où ils voulaient brûler tous les livres. Mais un de leurs chefs les en dissuada en disant « que les Grecs, occupés de la lecture, négligeaient la guerre, et en étaient plus faciles à vaincre. » Claude avait remporté sur eux une victoire des plus mémorables, et les avait chassés.

(2) Zénobie, comme humiliée doublement de la dégradation morale et de la dissolution des mœurs de ce temps, porta son mari, prince de Palmyre, à se déclarer roi de cette contrée, et même osa lui succéder. Contrainte, après une vive résistance, de céder à Aurélien, elle lui dit : « Je vous reconnais pour empereur, vous qui savez vaincre ; mais Gallien et ses semblables ne m'ont pas paru mériter ce titre.» Et elle vint donner en Italie un exemple de chasteté plus digne de son grand courage que facile à imiter, mais bien propre à faire connaître l'époque. (Voyez, du reste, ce que Montaigne dit de cette reine au chapitre intitulé *de la Modération*). Formée par l'auteur du *Traité du sublime,*

Quoique modeste, ce dernier pensa que le prince devait en imposer par l'éclat et les titres : en conséquence, il était toujours vêtu magnifiquement, portant le diadême, dont aucun empereur avant lui n'avait osé faire usage, et il fit mettre sur ses médailles les titres de seigneur, qu'Octave avait refusé autrefois du sénat, y ajoutant même celui de Dieu. Il allait venger Valérien (1) et l'empire des insultes des Perses, lorsqu'il fut assassiné par des conjurés, à la tête desquels était un de ses secrétaires qui le trahissait, et qui, se voyant suspecter, craignait le châtiment.

Six mois se passèrent en déférences réciproques de la part du sénat et des armées, avant qu'Aurélien fût remplacé.

Zénobie avait voulu d'abord se faire juive, mais elle s'était faite chrétienne. '

Dans le même temps, Victoire se distinguait dans les Gaules par des exploits et par des sentimens de la même espèce. Zénobie et elle avaient formé le projet de réunir tout l'empire sous leur autorité.

(1) Valérien avait été fait prisonnier par les Perses pendant les derniers troubles. Après avoir servi pendant sept ans de marchepied au roi de ce pays, lorsque celui-ci montait en voiture, il avait été écorché vif.

Après trois ou quatre règnes éphémères, l'empire fut mis à l'encan par les prétoriens. Et ce qu'il y a de remarquable, c'est que celui qui l'acheta (le sénateur Didius) ne crut pas faire une action blâmable. Il périt comme tant d'autres, dans un soulèvement.

A travers tous ces mouvemens, le sénat perdait et reprenait tour à tour son influence. Probus, homme de basse extraction, mais d'un grand mérite, fut élu par des soldats; il leur dit : « Pensez-y bien, je ne sais pas vous flatter, et vous serez mécontens de votre choix. » Une partie de l'armée, qui avait proclamé un autre empereur, répondit à cette objection en tuant le compétiteur qu'elle avoit donné à Probus, et le sénat applaudit à l'élection.

Probus laissa à ce corps pleine autorité pour le civil, se réduisant presque au commandement militaire. « Il voulait, disait-il, déraciner toutes les causes de guerres, et établir un si bon ordre, que dans quatre ou cinq ans l'univers n'eût plus besoin d'armes ni de soldats, et que ceux-ci pussent s'adonner au commerce et à l'agriculture. » En attendant, il les occupait à défricher les terres, à dessécher les marais, et à planter des arbres ; mais ils se mutinèrent, et le tuèrent lorsqu'il était déjà en marche pour exécuter le projet d'Aurélien contre les Perses.

Dioclétien crut obvier aux maux de l'empire en se donnant un collègue, et en créant deux Césars pour succéder aux empereurs. Chacun des quatre eut une partie de l'État à gouverner, il s'en réserva seulement la direction suprême.

Mais cette mesure, et d'autres encore qu'aujourd'hui surtout il nous appartient de blâmer comme chrétiens, loin d'arrêter l'agitation, la fortifia, pour ainsi dire, en fournissant aux esprits autant de points de ralliement qu'il y avait de chefs, pendant que l'accroissement de dépenses qu'occasionnèrent la formation et l'entretien d'autant de cours qui rivalisaient entre elles de luxe, succédant au dépouillement des provinces, fournit encore matière ou prétexte à de nouvelles plaintes. Bientôt aussi l'ambition personnelle des Césars, la jalousie des empereurs, et la variété de caractères, jointes aux différences qui pouvaient exister dans les moyens de gouvernement, dans l'esprit et dans la position des peuples, ou naître des événemens, quelle que fût d'ailleurs leur nature, devinrent autant de causes de troubles ; et les maux de tous genres dont Aurélien avait arrêté le cours, semblaient devoir se répandre de nouveau comme un feu dévorant sur toute la surface de l'empire, lorsque Constantin s'empara de l'autorité, et posa le principe de l'hérédité au trône par le droit naturel.

Dioclétien avait donné l'exemple d'une translation du siége du gouvernement hors de Rome. Constantin l'établit pour toujours à Byzance, en donnant son nom à cette ville, et en en faisant, autant qu'il le put, la rivale de la première. En même temps, et par des motifs quelconques, lui et ses successeurs retirèrent les troupes des frontières, et les répartirent dans l'intérieur; les Barbares en prirent plus de confiance, et saisissant l'occasion que leur offrirent le partage de l'empire sous les deux fils de Théodose, la faiblesse d'Honorius et les intrigues de sa cour, pour pénétrer une première fois en Occident, et lui imposer tribut, ils se servirent ensuite de la trahison de Jove (1), de l'indignation que causa le massacre de Stilicon et des siens (2), et

---

(1) Jove, ancien ami de Stilicon, désespéré de ne pouvoir jouer le premier rôle à la cour, voulut au moins jouer le second. Il s'était attaché à la fortune d'Alaric, que l'opinion mettait au-dessus de tous les chefs de son temps, et il lui sacrifia les intérêts d'Honorius en portant cet empereur à continuer la guerre.

(2) Stilicon était vandale d'origine, et il était allié à la famille impériale; mais il était arien, et on l'accusait d'être

de la rivalité des deux capitales, pour y rentrer et s'y établir.

De leur côté, les Barbares abusaient du titre de roi, le donnant aux chefs de leurs armées comme à ceux qui les gouvernaient au civil, aux enfans des familles régnantes, quelquefois à des chefs de simples bourgades. Et c'est ici le cas de rappeler que, sur la fin de la lutte entre les Romains et les Francs, on vit les généraux romains prendre après la victoire le titre de roi

---

d'intelligence avec Alaric, général des Goths, qu'il avait cependant forcé à la paix. Un eunuque, déjà créé César, fut le premier qui intrigua contre lui. Ayant succombé dans ses projets, il fut remplacé par Olympias, dévoué au parti catholique, et qui obtint de l'empereur l'ordre de faire arrêter Stilicon.

Celui-ci était à Bologne. La compagnie de Huns, qui lui servait de garde, ayant été égorgée, il se sauva à Plaisance, s'y enferma dans une église, et n'en voulut sortir que sur la parole d'Honorius qu'il aurait la vie sauve; mais Olympias le fit massacrer. On s'efforça en apparence de justifier sa mort, pendant que, par des cadeaux, on parvint à animer tellement le peuple et l'armée, qu'ils se jetèrent sur ses soldats et sur les autres Barbares répandus en Italie, massacrant jusqu'aux femmes et aux enfans. Ceux qui purent échapper coururent, transportés de rage, au nombre de plus de trente mille, au camp d'Alaric, qui attendait sur la frontière l'exécution du traité fait avec Stilicon, et qui marcha sur Rome.

avec le commandement général, soit par orgueil, soit par dédain, soit par nécessité de céder au sentiment des vaincus; soit par politique de la part des empereurs, dans le but de rabaisser, en le laissant prendre à leurs subalternes, un titre dont la comparaison n'était pas toujours sans danger pour eux-mêmes (1), et d'humilier par-là des peuples qui se montraient de plus en plus redoutables pour l'État et les institutions romaines.

Qu'étaient au reste les rois chez ces peuples? La plupart électifs, et peut-être encore à l'imitation de ces mêmes Romains, que tous se faisaient gloire de mépriser autant qu'ils les haïssaient; quelquefois au nombre de deux dans le même État, l'un pour la paix, l'autre pour la guerre : leurs attributions, de même que leur autorité, déterminées par des circonstances de temps, de lieux et autres, étaient aussi mal définies que mal assurées. Les peuples les plus sages, ou du moins ceux qui seraient censés avoir apporté le plus d'attention à cet objet, auraient été ceux qui, comme les Spartiates et les Molosses, avaient élevé deux fa-

---

(1) Justinien et d'autres empereurs affectaient de se dire citoyens de l'empire.

milles au-dessus des autres, en mettant aux mains de chacune un sceptre d'égale vertu, et capable de les protéger à la fois contre l'ambition des grands, contre la turbulence du peuple, contre la tyrannie d'un seul, contre les attaques ou les embûches des ennemis du dehors. Mais ces précautions ne leur avaient sans doute pas réussi, car on ne trouve déjà plus de vestiges de ces sortes de gouvernemens au temps des grandes invasions.

Dans les cas d'élections, comme lors de l'extinction d'une famille régnante, le choix était dévolu chez les uns aux grands, chez les autres à la totalité du peuple, quelquefois aux deux simultanément ou séparément, comme cela avait eu lieu encore chez les Romains, le sénat y formant le corps des grands.

Souvent le principe de l'hérédité était uni au choix parmi les membres de la même famille, et alors la désignation était faite ordinairement par le prince, et confirmée tantôt par les grands, et tantôt par tout le peuple, que ce choix, du reste, portât sur un seul successeur ou sur tous, avec partage de la puissance politique et désignation de lieux, ainsi qu'il arriva sous les deux premières races de nos Rois. Enfin, l'élection se réduisit, sous la seconde race, au choix du prince ; mais telle était encore la force du principe de l'élection par les peuples du temps de Charlemagne, que cet empereur y soumit ses descendans par ses Capitulaires.

Les Francs et les Bourguignons excluaient les femmes de la succession ; les Goths les y admettaient, tandis qu'en Afrique, les Vandales décidèrent que le trône passerait au frère de préférence au fils : ce qui avait déjà lieu dans ces contrées, avant la domination des Romains.

Sous la première race des rois de France, et même sous une partie de la seconde, tous les enfans avaient part à la succession, qu'ils fussent ou non d'un seul lit, qu'ils provinssent même de femmes illégitimes : ce qui fit dire par saint Colomban, à Thierry de Bourgogne, que Brunehaut empêchait de se marier en lui procurant des femmes afin de le distraire des soins du Gouvernement, « que Dieu ne permettrait pas que ses enfans régnassent sur les Francs ; » à quoi il est à propos d'ajouter que l'esclavage et les guerres ayant confondu toutes les classes (1), non-seulement les rois prenaient

____

(1) Voyez l'*Histoire de la reine Bathilde*.

leurs femmes dans les classes inférieures (1), mais qu'ils en avaient toujours plusieurs à la fois.

Les partages se faisaient quelquefois également, d'autres fois dans des proportions inégales, et dans d'autres cas le sort fixait les parts. Ainsi, la succession de Clovis fut divisée de manière à ce que Thierry, qui était l'aîné et d'une femme illégitime, mais homme de guerre, eut toute la partie orientale, depuis Reims jusqu'à l'Elbe, avec l'Auvergne, tandis que ses trois frères eurent, le premier, Orléans, le second, Paris, et le troisième, Soissons, sous la tutelle de leur mère, Clotilde, et, à ce qu'il paraîtrait, avec l'expectative du royaume de Bourgogne, qu'ils partagèrent en effet quelque temps après, sans que le roi de Metz élevât à ce sujet aucune prétention.

Les enfans de Clotaire, au contraire, tirèrent au sort (2) : seulement il est à remarquer que Chilpéric, le plus jeune, s'empara des trésors de son père, soit afin de s'assurer un lot, soit

---

(1) Voyez l'*Histoire des successeurs de Clovis*, et, entre autres épisodes, ce qui a rapport à Frédégonde et à Brunehaut.

(2) Clotaire avait eu au moins cinq femmes, et ses enfans étaient de diverses.

afin d'en avoir un meilleur, et que les seigneurs réglèrent la contestation.

On sait ce qui est arrivé à Louis-le-Débonnaire, pour avoir repris l'Italie à son neveu, et avoir donné part à un fils d'un second lit, bien que la mère fût légitime.

Dans ce temps, les Gaules étaient divisées en Neustrie, Austrasie et Bourgogne, pour l'administration, la Bourgogne en ayant donné l'exemple lors de sa réunion. Néanmoins, la présence d'un roi était une nécessité alors sentie (1), car à l'avènement de Dagobert, les Neustriens et les Austrasiens disputèrent qui des uns ou des autres posséderaient le roi. Les Neustriens l'emportèrent, en flattant l'amour de ce prince pour une suivante de la reine, qu'ils lui firent même épouser. Mais les Austrasiens se défendant mal contre les Sclavons, Dagobert fut obligé d'établir son fils chez eux, en lui donnant un trésor et un appareil propres à les flatter. Ensuite ils desirèrent de réunir les royaumes de Neustrie

______

(1) Constantin, fils d'Héraclius, avait été empoisonné, et son fils Constant tué en Sicile. Constantin-le-Barbu ayant été couronné, les grands de l'Orient voulurent que ses deux frères le fussent aussi, disant « que comme il fallait croire à la sainte Trinité, il était raisonnable d'avoir trois empereurs. »

et de Bourgogne au leur ; mais les maires du palais, qui avaient déjà pris de la prépondérance, s'y opposèrent.

Enfin, la loi civile des Saliens et des Ripuaires sur les successions, stipulant pour les mâles, à l'exclusion des femmes, et dans la descendance directe et légitime, restreinte ensuite aux droits des aînés pour la possession des fiefs, et invoquée dans ces termes par les Valois, a été depuis eux la règle de droit public pour la succession à la couronne de France.

CHAPITRE III.

De Montesquieu.

Montesquieu parle du droit d'aînesse, en traitant des fiefs, dont la possession se trouvait liée d'une manière absolue à l'exercice de ce droit. Ces établissemens ayant été attribués aux Francs, comme ayant résulté d'un partage des terres après l'invasion, et particulièrement à la loi salique, il cherche à les expliquer par le mode de succession de certains peuples de l'ancienne Germanie, dont les uns, craignant ou dédaignant de s'attacher au sol, et n'ayant que des armes à léguer à leurs héritiers, les partageaient entre les mâles, donnant de simples dots aux filles, et dont les autres faisaient de l'habitation de la famille et d'une certaine quantité de terres autour une chose inaliénable, dévolue au contraire au plus jeune, ou à celui qui restait avec le père (1).

Cependant leurs filles apportaient aussi en dot à leurs maris des armes, des chevaux et d'autres insignes de guerre ou de chasse, et même la portion de terre salique; ce qu'il entend, à tout le moins, des héritières, mais ce qui ne concourt pas à satisfaire la curiosité dans une question aussi importante, que l'était celle de l'existence, de la possession et de la transmission des fiefs. Et comme, par la nature de son opinion, Montesquieu se trouvait engagé dans la question de l'établissement des Francs dans les Gaules, il s'est élevé à la fois et contre cette sorte d'égalité commune entre eux, et supérieure à la situation des Romains d'alors, l'un des effets ordinaires de la conquête, et plus spécialement de deux peuples qui s'observent, comme ceux-ci furent dans le cas de le faire pendant trop longtemps; et contre cette assertion, que les Francs auraient pénétré successivement et par accord avec au moins une partie des peuples : propositions avancées, la première par le comte de Boulainvilliers et par l'abbé Dubos, bien

____

(1) *Esprit des lois*, livre xviii, chapitre 22.

que dans un esprit différent et exclusif, ainsi qu'il arrive ordinairement parmi les hommes ; la seconde par l'abbé Dubos.

On doit regretter qu'à défaut de documens bien spéciaux sur ce qui se passait à l'égard des successions chez les différens peuples de l'Europe, tant avant qu'après l'invasion, l'auteur n'ait pas jugé à propos de porter son investigation chez d'autres peuples que chez ceux qu'il cite, ainsi qu'il a fait dans d'autres circonstances qui pourraient paraître moins importantes, et dans lesquelles cependant il n'a pas craint de s'éloigner, pour en interroger d'entièrement étrangers à nos institutions et à nos mœurs ; car ici comme là les données ne pouvaient lui manquer ; et à supposer qu'elles ne lui eussent pas paru suffisantes pour établir la conviction, le parti qu'il en aurait tiré servirait aujourd'hui à nous éclairer.

Osons le dire, Montesquieu, en composant le livre de l'*Esprit des Lois*, ne faisait pas seulement un livre tout de systèmes ; mais, dans le cas particulier dont il s'agit, ne pouvant attribuer aux Romains (1) l'établissement des fiefs

---

(1) Voyez les considérans de Justinien, cités par Montesquieu.

comme institution civile , et néanmoins le régime féodal qui leur a succédé , et qui était alors
regardé , non comme la conséquence simple et
naturelle de l'affaiblissement de l'autorité politique , ce qui aurait dû être , mais bien comme
celle de la loi des Francs , se trouvant établi
en Aquitaine , ainsi que dans d'autres pays
soumis autrefois à leur domination , il s'est cru
suffisamment autorisé à reprendre l'initiative
sur les deux propositions que nous venons de
rapporter , et s'est mis bénévolement en contradiction avec eux et avec lui-même : car, si les
vainqueurs ont subjugué les vaincus , que ce
soit après l'invasion , ou que ce soit lors de l'invasion , le comte de Boulainvilliers ne se serait
donc pas tant écarté de la vérité ; que si , au contraire , « les Romains n'ont pas plus été dans la
servitude chez les Francs que chez les autres
conquérans de la Gaule (1) , » le sentiment de
l'abbé Dubos acquiert de la consistance , en
raison des motifs qu'il allègue pour le faire
valoir.

Ces auteurs se seraient moins écartés les uns
des autres et de la vérité , s'ils eussent fait attention que les vaincus se composaient de Ro-

____

(1) Livre **XXX** , chapitre 10.

mains, de Gaulois, de Celtes, et d'autres dont
la situation différente entre eux, et devant naturellement être telle vis-à-vis des vainqueurs,
aurait déjà pu suffire pour engager ceux-ci à
tenir à l'égard de chacun une conduite analogue,
indépendamment du caractère des événemens
et des circonstances particulières de l'invasion.
Cela expliquerait aussi cette diversité, et enfin
cette complication dans les événemens subséquens, qui aujourd'hui encore tiennent le juge-
ment du lecteur en suspens. Mais, sans entrer
dans ces détails, qu'il nous soit permis à notre
tour de dire notre sentiment sur l'époque et les
choses qui font le sujet de cette discussion :

Les Francs, après avoir lutté pendant trois
siècles contre les Romains avec des succès plus
ou moins variés, mais dont le temps et d'autres
circonstances pouvaient avoir adouci les souve-
nirs, s'avancèrent dans les Gaules à mesure que
la puissance de leurs ennemis s'affaiblit, après
que d'autres Barbares s'y furent établis, et enfin
lorsque l'empire eût été renversé. De même qu'ils
s'étaient déjà unis aux Romains pour repousser
Attila, de même Clovis se servit des Gaulois
sous ses ordres pour repousser les Allemands (1),

---

(1) C'était une réunion d'hommes de toutes les nations

et, immédiatement après, il se fit chrétien de la communion de ses nouveaux sujets, qui était celle de Rome, avec trois mille des siens ; ce qui établit une différence entre ceux-ci, les Visigoths, ainsi qu'une partie des Bourguignons qui étaient ariens. Saint Remy, évêque de Reims, lui ménagea l'occupation de ce pays ; d'autres traités lui donnèrent Paris et plusieurs provinces jusqu'à la Loire, qui fut pendant quelque temps la limite de ses États de ce côté. Il serait donc raisonnable de penser qu'un

---

germaines, ayant à sa tête un Bazin, roi de Thuringe, qui reprochait aux Francs leur alliance avec ce qu'il appelait les Romains, et qui se livrait dans sa marche à toutes sortes de cruautés, sous prétexte de mœurs.

« Il fit déchiqueter, dit Grégoire de Tours, les cuisses de plusieurs jeunes garçons, les suspendit par les nerfs aux branches des arbres, et les laissa mourir lentement dans cet état. Il fit attacher deux cents jeunes filles par les bras au cou d'autant de chevaux sauvages, qui les emportèrent au travers des broussailles et des rochers, et où elles furent déchirées en mille pièces. D'autres furent couchées dans les ornières des grands chemins, retenues par des pieux, et on faisait passer dessus des charrettes chargées, après quoi on les laissait manger aux chiens et aux oiseaux de proie. » Clovis, admirablement secondé par les Gaulois, remporta sur lui, à Tolbiac, une victoire qui fut long-temps disputée, mais qui fut décisive, et qui arrêta pour toujours ce genre de fureur.

même esprit aurait guidé ses opérations ulté-
rieures. Il y a plus, la nature même des choses,
et leur disposition, telles que le petit nombre
des siens, eu égard à l'étendue du pays qu'il
avait déjà à garder, de celui qu'il lui devenait
indispensable de soumettre, et sa position vis-à-
vis des peuples du Nord, des Bourguignons
et des Goths d'Italie, telles surtout que les
effets de ce projet immoral et lâche, formé
par les Romains dès le commencement de l'ad-
mission forcée des Barbares dans l'empire, et
qui consistait à les faire battre les uns contre
les autres, en attendant le moment de les
détruire entièrement, ne lui aurait plus permis d'agir dans un autre esprit. Et bien que
les idées commençassent à se fixer sous ce
rapport (1), et les peuples à s'organiser (2),

----

(1) Les Ostrogoths étaient solidement établis en Italie,
les Bourguignons entre les sources du Rhin, les Alpes et la
Saône; les Visigoths l'étaient en Aquitaine et en Espagne;
les Vandales en Afrique; et les empereurs de Constan-
tinople, en envoyant peu après à Clovis, par une osten-
tation vaine ou astucieuse, des insignes qui rappelaient des
titres sans valeur, faisaient également, sans le vouloir, l'a-
veu de leur impuissance.

(2) C'est l'époque des codes de Théodoric, de Gombaud,
et d'autres.

Clovis n'en devait pas avoir moins de motifs pour se ménager des intelligences; au contraire, et quand les auteurs, et, après eux, l'abbé Dubos, ne nous auraient pas dit quel en avait été le noyau, la marche des événemens, et en particulier la prise de Rome par Alaric, suffiraient, dans la circonstance surtout, pour nous le faire soupçonner.

Les Visigoths, il est vrai, cessaient de persécuter pour cause de religion; mais ils restaient ariens : les Romains, ceux qui habitaient particulièrement l'Auvergne, se voyant pour lors abandonnés à leurs propres moyens, se réunirent à eux (1).

Auparavant, il y avait eu entre Alaric et Clovis une première levée de boucliers qui avait été sans effet : les deux rois s'étaient retirés à la suite d'une entrevue. Ce fut lorsque les Bourguignons eurent reconnu qu'ils avaient à craindre du côté de l'Italie et du côté de l'Aquitaine, que Clovis, se les étant associés, marcha contre Alaric, dont la mort entraîna l'occupation de cette dernière. Les Bourguignons prirent pour

____

(1) Ces Romains furent particulièrement les familles sénatoriales, qui, se voyant abandonnées à elles-mêmes, se joignirent à leurs premiers ennemis contre la domination qui les menaçait.

eux la partie orientale, et les Francs l'occidentale. Tel fut le caractère des événemens relatifs à la prise de possession des Gaules par ces derniers.

Mais c'est presque toujours une nécessité au vainqueur de laisser l'administration au vaincu. C'en fut une plus grande encore dans la circonstance, non-seulement à cause de l'impéritie avouée généralement par les Barbares (1), et de leur esprit contraire aux institutions romaines, mais, comme nous l'avons dit, à cause du besoin de veiller à leur conservation, besoin qui les portait à s'attacher davantage à leurs institutions propres; enfin les intelligences dont nous venons de parler, et qui avaient favorisé l'invasion, leur en faisaient encore une obligation : comme en effet cela eut lieu. Les dispositions réciproques, l'existence de deux codes, les conflits de juridiction, voilà les premières sources de ces mesures dont parle Montesquieu, et qui sembleraient avoir perpétué les hostilités en Aquitaine long-temps encore après la prise de possession de cette province, si des soulèvemens répétés, et

______

(1) Toute l'histoire rapporte que le premier dessein des Barbares avait été d'abolir jusqu'au nom romain, mais qu'ils y avaient renoncé, en reconnaissant leur insuffisance en matière de gouvernement.

spécialement les dispositions résultantes des causes que nous avons énoncées plus haut, et d'un passé qui n'était pas encore assez éloigné pour ne pas se représenter à l'esprit dans les occasions, ne les avaient que trop justifiées, au moins en apparence. Un exemple des effets de cette situation sur les individus, qui a paru digne d'être recueilli par l'histoire, et que Montesquieu cite, est celui de ces comtes d'A-quitaine dépouillant Louis-le-Débonnaire de ses biens propres, au point que Charlemagne fut obligé de s'entremettre pour les lui faire rendre.

Que si, de ces considérations et à ce que nous avons déjà dit de la situation respective des peuples anciens à l'égard les uns des autres, à l'égard des Romains, et de tous à l'égard des Francs, notre pensée se porte sur les différens effets de l'agrégation, tant simultanée que successive, de tant de peuplades nouvelles (1) qui, depuis l'O-

______

(1) A savoir, des Alains sur la Loire; des Vandales, des Visigoths, des Suèves, et même des Juifs, au-delà; en arrière et à droite, des Bretons; à gauche, les Bourguignons; au-delà du Rhin, tous ceux compris sous la dénomination générale d'Allemands, et en particulier les Thuringiens, les Bavarois, les Saxons, et les Danois; en Italie, les restes des nations gothe, gépide et lombarde; au-delà des Pyrénées, des Visigoths et même des Sarasins.....

der jusqu'à l'Ebre, et de la mer du Nord au Tibre, firent partie de l'empire, chacune ayant une organisation ou un commencement d'organisation plus ou moins en harmonie ou en discordance avec les institutions, les principes, et même les préjugés, avec la croyance et les mœurs des autres, nous pourrons nous faire une idée des principales difficultés de l'époque. Mais nous les comprendrons encore mieux si en même temps nous jetons un coup-d'œil sur les Romains, ayant conservé partout, au milieu de ces nations, avec plus ou moins des formes de leurs anciennes institutions, l'esprit qui leur était propre, et qui se serait même développé dans certaines contrées, telles que l'Aquitaine, par l'absence de toute surveillance d'une part, et de toute direction de l'autre.

La religion chrétienne avait enfin rallié à elle tous les peuples. Les divergences sur le dogme, nées généralement de l'esprit sophistique des Grecs, et, chez quelques peuples, d'une situation politique antécédente (1), avaient cessé; et les Romains eux-mêmes, particulièrement de la classe sénatoriale, et qui, jusqu'à ces derniers

---

(1) Les Ariens, comme les Calvinistes d'aujourd'hui, étaient aussi ennemis de la hiérarchie dans l'Église.

temps, s'étaient appuyés sur le stoïcisme pour justifier, au moins en apparence, leurs dissentimens, cédaient, à cet égard, à la force des événemens, quand bien même ils ne se seraient pas rendus à la conviction.

Plusieurs usaient de ce moyen pour garantir leur fortune, et, à toute extrémité, entraient dans les ordres, pour avoir un prétexte d'en priver leurs ennemis (1). Les rois francs y poursuivaient souvent ceux dont ils avaient à se plaindre ; mais, n'osant leur prendre leurs biens, ils donnèrent des emplois ecclésiastiques à leurs favoris.

Jusque-là, cependant, ces nominations n'avaient guère contre elles que la forme, les emplois dont nous parlons étant alors à la nomination des peuples : mais il résultait déjà de cette réunion de circonstances des abus et des scandales de divers genres, lorsque Charles-Martel y mit le comble, en donnant, par une mesure générale, des biens d'église à ses officiers.

Le mal ne fut pas dans la perte de ces biens, l'histoire faisant connaître que ces sortes de recours avaient eu lieu souvent dans la dé-

---

(1) Il était permis de donner tous ses biens à l'Église.

tresse des États, sans qu'il en fût résulté d'autres inconvéniens que ceux qui peuvent se rattacher à des considérations d'un ordre purement matériel : au contraire même, le zèle pour la religion s'en était accru (1). Il ne pouvait pas être non plus dans la simple violation des formes, l'expérience ayant démontré que l'élection tenait seulement à l'esprit des temps précédens. Il pouvait provenir de la spécialité qui, au sortir du polythéisme surtout, et lorsque les signes extérieurs du culte, étant pris par le grand nombre pour le culte lui-même, avaient fait affecter des pratiques particulières aux dons primitifs ; mais il provint bien plus sûrement des craintes mal fondées qu'inspira le zèle même pour la religion, et qui empêcha l'abandon spontané et absolu des biens usurpés, première mesure dont l'utilité ne fut sentie que plus tard (2), pour s'occuper uniquement de la partie morale, chose bien autrement impor-

---

(1) Voyez, entre autres, l'*Histoire de la Grèce*.

(2) En 816, il fut fait sous Carloman une règle des chanoines et des religieuses, par laquelle les premiers partagèrent les revenus des chapitres, se retirèrent dans des maisons particulières, et furent remplacés par des chanoines réguliers. Voyez ce que ce prince dit relativement à la demande des biens qui avaient été donnés par son père. (Concile d'Estine, en Hainaut.)

tante pour les sociétés, et il fut dans la connexité des fonctions sacerdotales avec la possession de ces biens ; ce qui fit que, eu égard à l'état civil des possesseurs, les unes comme les autres se trouvèrent à la disposition de chacun, exposées également aux chances de la fortune, aux caprices de la nature, au calcul des passions et des intérêts de famille, enfin, à l'action des lois civiles, particulièrement dans ce qui a rapport aux successions.

L'Église, en effet, n'avait pas encore alors admis invariablement le célibat comme règle de sa discipline, et le clergé, ne faisant pas classe à part dans l'État, ainsi qu'il l'avait fait autrefois, particulièrement en Egypte, où, avec des biens et une administration séparés, la succession à leurs fonctions était encore circonscrite par le droit d'aînesse, le mariage devenait une source d'autant plus grande d'erreurs et de vices, que la loi civile laissait plus de latitude aux testateurs, et qu'elle variait même davantage sur le principe. Ainsi, les scandales que la brigue et les violences occasionnaient dans les élections, allaient être remplacés par les concussions (1), par les abus de position, ou par

____

(1) Un article d'un concile d'Aix-la-Chapelle, sous Louis-

lé relâchement dans les devoirs, et, ce qu'il y avait de pis, par les divisions ou les réunions hétérogènes, par les minorités et par une foule de conséquences non moins fâcheuses. Et à supposer que les fautes et les malheurs de l'Egypte ne se présentassent plus à l'esprit, que l'exemple de la famille Héli n'eût eu pour tous les lecteurs que la valeur d'une moralité, que ce qui s'était passé dans le polythéisme, où les fonctions sacerdotales étaient confondues avec d'autres emplois ou fonctions, ne fissent pas desirer un autre ordre de choses sous ce rapport, ce qui avait lieu actuellement, faisait un devoir pressant d'en établir un quelconque.

Mais dans cette grande circonstance, où les dispositions législatives étaient abandonnées à la prudence d'un seul, où les droits des Francs se perdaient dans d'autres droits, où les conciles, d'ailleurs composés seulement d'ecclésiastiques, n'étaient point encore entrés dans l'administration des Etats, on se crut à l'origine de la société religieuse, lorsqu'Abraham, prêchant d'exemple aux Hébreux, offrait au Seigneur le

---

le-Débonnaire, se plaint de ce que les évêques d'Italie exigeaient de l'argent pour les ordinations.

dixième des dépouilles qu'il avait reprises sur l'ennemi (1). Les souverains se soumirent à ce don, afin d'y engager leurs peuples, et, en attendant l'effet de cette mesure préventive, les correctifs aux maux que nous venons de signaler, et qui devaient agiter si fortement la société pendant nombre de siècles, furent laissés au temps et à des expériences successives, dont chacune encore allait être accompagnée de chances diverses, toutes plus ou moins funestes.

Ce fut en vain que Pepin, fils et successeur de Charles-Martel, appuyé de l'influence du pape, mit sur sa tête la couronne que les descendans de Clovis n'avaient pu affermir sur la leur; qu'à son tour il donna plus de relief au chef de l'Eglise, en le dotant d'une partie de l'ancien exarchat de Ravenne, et qu'il fit entrer les évêques au parlement; que Charlemagne, suivant les traces de son prédécesseur, confirma et accrut même la dotation, qu'il ajouta le titre d'empereur à celui de roi, et qu'il employa sa longue carrière à combattre les ennemis de l'em-

---

(1) Pepin, Charlemagne et autres successeurs de Charles-Martel firent comme Abraham : ils conseillèrent la dîme, l'offrirent même sur leurs propres biens, mais ils n'osèrent l'imposer au peuple.

pire et de la foi, travaillant aussi à fixer le dogme; enfin, ce fut en vain qu'il chercha à rallier par des capitulaires les divers principes d'administration qui régissaient ses peuples. Les capitulaires eurent le funeste avantage de mettre en présence les intérêts collectifs et les intérêts privés, et de les laisser se placer sous la bannière de la religion, tandis qu'en même temps le principe de l'élection et du partage de la puissance politique fut maintenu, ou ne put être détruit, et les évêques devinrent les agens les plus actifs dans les attentats contre l'autorité de Louis-le-Débonnaire.

Entre la réversibilité des bénéfices militaires ou politiques, et l'hérédité naturelle, la loi salique offrait une première sauvegarde contre les derniers abus qui pouvaient résulter du partage des successions; mais la fameuse assemblée de Compiègne, toute composée de nobles, arguant de pertes éprouvées par eux depuis Charles-Martel, et spécialement dans la trop fameuse bataille de Fontenay, qui fut remarquable particulièrement par l'animosité des partis, pour usurper sur l'autorité souveraine (1),

____

(1) Elle décida que la noblesse ne marcherait plus qu'en cas d'attaques venant du dehors; ce qui l'initia dans les questions de paix et de guerre, et donna plus tard tant d'avantages aux Anglais sous les ducs de Normandie.

annula aussi le privilége de cette loi, en étendant aux filles nobles le droit de succéder (1) : ainsi le mal fut à son comble.

Par cette dernière conséquence, sans doute, le pape, qui, à ce qu'il paraîtrait, aurait d'abord été trompé, sentit la nécessité d'intervenir, et cette même assemblée fit quelques réglemens dans l'intérêt des mœurs. Mais rien n'empêcha que, comme les fiefs civils, plusieurs siéges épiscopaux, celui de Rome entre autres, n'advinssent à des mineurs ; qu'une femme, si l'on en croit la chronique (et il ne peut qu'être utile aux temps futurs que le souvenir s'en perpétue) ; qu'une femme, dis-je, ne fût élevée au trône pontifical ; que d'autres ne se trouvassent à la tête d'établissemens religieux d'hommes, contre l'esprit éternel des mœurs de l'Europe ; qu'ainsi que cela s'était vu chez les païens, elles ne remplissent les fonctions du sacerdoce ; que, de plus, elles ne conférassent les ordres sacrés. Enfin, c'est par suite de ces dispositions, que, de nos jours encore, des individus possédaient des bé-

---

(1) Les anoblissemens par les femmes rendaient capable de posséder des fiefs ; mais il resta une différence entre les anoblis de cette manière et les gentilshommes de parage (par le père), les premiers ne pouvant être chevaliers. (Baumanoir.)

néfices ecclésiastiques dont non-seulement ils ne remplissaient pas les devoirs, et que d'autres remplissaient pour eux, mais qu'ils n'entraient pas même dans les ordres ; et que des possesseurs de fiefs avaient la disposition d'emplois de même nature, ce qui était pour eux un droit honorifique, et parfois lucratif.

Mais comment les fiefs s'établirent-ils? Fût-ce à l'imitation des bénéfices militaires chez les Romains, comme beaucoup l'ont pensé? Fût-ce à celle des anciens Egyptiens, dont les principes ou les usages sur les successions se seraient perpétués jusqu'alors sur quelques points de l'Europe par leurs colonisations? ou bien les fiefs n'auraient-ils pas été simplement l'effet de la possession et du calcul des familles, surtout après de longues agitations, pendant lesquelles elles auraient craint pour leur existence? Jusqu'à quel point aussi la consécration à Dieu des premiers nés des Israélites, lors de leur fuite d'Egypte, aurait-elle influé sur cette institution, particulièrement à une époque où les femmes purent craindre pour une religion à laquelle elles devaient leur rétablissement dans la société (1),

____

(1) Voyez l'histoire de cette époque, en particulier les mariages des successeurs de Clovis, et ce qui a rapport au premier établissement de la religion chrétienne en Europe.

comme autrefois, dans une semblable disposition de choses et d'esprits, on les avait vues recourir au culte de Jupiter, malgré la résistance
des prêtres, et spécialement de ceux de l'Égypte,
qui maintenaient de tous leurs efforts le dogme
de l'unité de Dieu? Telles sont les questions
qui dérivent des faits que nous venons de rappeler. Mais ici finit la tâche que nous nous
étions imposée. Nous ajouterons seulement,
comme un témoignage de plus à l'appui de
notre récit sur les grands et différens effets de
la mesure de Charles-Martel, que ce prince
en aurait pressenti tout au moins les funestes
conséquences, et que ce serait ce qui lui aurait
causé ces regrets, que les chroniqueurs du temps
ont rendus dans un style figuré, plus ou moins
juste ou expressif(1), que les évêques tradui-
sirent ensuite à Louis-le-Débonnaire dans le
langage qui leur était devenu propre, et que,
parmi les historiens modernes, Voltaire et
Montesquieu, entre autres, traitant ce sujet
après un grand laps de temps, à une époque
de retour d'idées, et au milieu de circonstances

____

(1) Ils dirent qu'un ver et même un serpent rongeur
avaient conduit Charles-Martel au tombeau.

défavorables au clergé, n'ont plus su interpréter.

Quant à ce que ce dernier dit touchant les
fiefs, pour soutenir son opinion, il avait besoin,
s'il m'est permis de me servir de son expression envers l'abbé Dubos, que les Francs eussent
envahi de vive force, qu'ils eussent comme inondé
les Gaules, qu'ils s'y fussent approprié partout
des terres à leur convenance, et que ces terres
eussent passé du régime de la loi salique au
régime féodal; et c'est ce que les monumens
ne démontrent pas. Dans cette hypothèse, les
Romains se trouvaient réduits à la condition
commune, ainsi que d'autres l'ont soutenu;
mais les monumens ne le confirment pas davantage, et c'est aussi ce que Montesquieu avait
particulièrement à cœur de réfuter.

Du reste, se trouvant sur le terrain du comte
de Boulainvilliers, il s'est d'abord avancé vers
lui en homme de bonne compagnie; mais ensuite il l'a éludé entièrement. Vis-à-vis l'abbé
Dubos, il ne s'est pas cru obligé à tant de
déférence (1), et nous serions, jusqu'à un cer-

____

(1) Montesquieu a fait contre ce dernier plusieurs chapitres sur le sujet en question ; il avait même formé le projet
de faire tout un livre pour le réfuter, à en croire l'auteur de
sa vie.

tain point, en droit d'en rejeter le blâme sur la position de l'un et de l'autre dans le monde, et sur l'esprit du temps, si l'histoire ne nous apprenait que les choses religieuses ayant été mêlées aux choses politiques dans le cours des temps modernes, le clergé, déjà en butte à la jalousie de ceux dont il partageait ou contre-balançait le pouvoir, s'est attiré encore l'animadversion de la masse, en se séparant d'elle pour des intérêts matériels (1), et si l'abbé Dubos lui-même, également entraîné par cette situation, n'avait pas donné lieu à la critique par trop de zèle à faire ressortir ce qui lui paraissait favorable à son ordre. Mais tant d'ardeur à le combattre était faite pour attirer l'attention du lecteur ; et c'est cette attention qui nous met aujourd'hui en droit, non-seulement de rétorquer contre l'auteur de l'*Esprit des Lois* ce qu'il dit dans cette circonstance des écrivains qui se font des systèmes en histoire, mais d'examiner quel esprit guidait sa plume dans la composition de son ouvrage.

Or, bien que Montesquieu y ait embrassé presque toutes les époques comme presque tous les pays, il n'est personne qui ne reconnaisse, à la première lecture, qu'il y avait plus spéciale-

____

(1) Etats-Généraux de 1455.

ment en vue la France telle qu'elle était peu avant l'époque que le commun fixe à la révolution. Nous enquérant ensuite de ses sentimens, ou de sa manière de voir en politique, nous remarquons en lui une telle prédominance des idées républicaines, que le reste de son ouvrage pourrait n'être regardé que comme un accessoire obligé, tenant aux choses du temps et à la situation de l'auteur, ainsi que nous venons déjà de le dire à l'occasion de l'abbé Dubos ; et, il est vrai, quel accessoire !... en sorte cependant que si ces choses venaient à être renversées, comme en effet elles l'ont été, son livre semblerait en acquérir plus d'importance, d'autant que le ton didactique qu'il y a employé donne à ses préceptes un air d'autorité capable d'imposer au lecteur, en lui ôtant jusqu'à l'idée du doute sur leur valeur comme sur celle des assertions qui leur servent de base.

Mais il s'en faut bien que l'expérience, qui, dans cette matière, peut seule servir de boussole au politique, les justifie toujours. C'est ainsi, par exemple, qu'à l'appui de son système de fédérations de républiques homogènes, qu'il regarde, par parenthèse, comme le chef-d'œuvre des combinaisons humaines, il n'a eu à citer que la Lycie et la Hollande : la Lycie, où la fable, qui est l'histoire figurée des temps précédens, a placé la Chimère, état de peu d'étendue, même comparativement à tant d'autres débris du grand empire des Assyriens, d'où il était sorti, dont la durée a été si courte, et qui, comme presque tous les états de sa période, et que l'on avait vus animés d'abord d'un esprit républicain, est retourné rapidement à la monarchie ; et la Hollande, toute de circonstances, l'un des produits de la dissolution religieuse de l'Europe, et particulièrement de l'ambition des princes d'Orange ; qui depuis a mis sa confiance plutôt dans ses magistrats suprêmes que dans un mode purement républicain ; dont l'existence obscure, toujours précaire, souvent dépendante, ne datait pas de trois siècles, lorsque, par l'effet tant des influences étrangères que des événemens eux-mêmes, elle a adopté la forme monarchique.

Il est vrai que Montesquieu a placé ailleurs ce qui a rapport à la durée des États (1) ; que n'étant point entré dans la considération des

---

(1) Il dit, en parlant d'une fédération d'États homogènes : « Tel État peut périr d'un côté, sans périr de l'autre... La confédération peut être dissoute, et les confédérés rester souverains. » (Chap. Ier, liv. 9.)

causes de leur formation, il s'est tu sur les circonstances qui pouvaient déterminer ou modifier les formes de leurs gouvernemens, apporter des changemens plus ou moins notables dans leurs principes mêmes; et que si l'histoire ne lui a offert que les deux exemples ci-dessus, la bonne foi ne doit pas moins lui savoir gré de ses efforts à rechercher quelle peut être la meilleure organisation politique. Au surplus, nous voyons, par l'histoire la plus complète qu'il soit possible et même nécessaire d'avoir, et qui est entre les mains de tout le monde, celle des Hébreux, ce qu'il y a d'illusoire dans les fédérations qu'il signale, tant sous le rapport du calme intérieur que sous le point de vue politique. Mais qui ne s'aperçoit qu'ici particulièrement l'auteur écrivait par anticipation, et appliquait à la France de son temps des préceptes, au devant desquels, en effet, il pouvait sembler que tout allât, lorsque des esprits, même peu exercés, s'y familiarisaient avec la nécessité d'un changement (1).

____

(1) Pour ne citer ici ni Rousseau, ni Voltaire, ni tant d'autres, il suffira de rappeler ce que le tact de Louis XV lui faisait pressentir à cet égard, et qu'il a exprimé différentes fois et de diverses manières. Ce prince jugea toujours parfaitement ce que les circonstances majeures de son règne demandaient de lui ; mais ce règne fut marqué par le ministère et l'influence du cardinal de Fleury.

Pour en douter, il faudrait ignorer totalement les faits; et qui, ne les ignorant pas, en douterait encore, n'aurait besoin, pour se convaincre, que de lire les quatre derniers chapitres de son XXIXe livre.

Mais c'est surtout lorsque l'auteur a occasion de parler des Romains, que, comme il le dit, il abonde dans son sens : aussi retrouve-t-on partout dans le livre que nous examinons, l'homme des *Considérations* (1), l'homme de la *République* : non toutefois de la republique dirigée par Cicéron, car Catilina lui-même n'avait pas pour ce prince des orateurs un mépris plus superbe ; mais de la république selon Tacite, avec lequel il se sentait plus d'affinité, et qui, tout préoccupé des intérêts du sénat, et plus particulièrement ému par le souvenir des tribulations que le passage des premiers Césars avait fait éprouver à ce corps, mais retenu par l'inutilité des tentatives que celui-ci avait faites pour ressaisir l'autorité, concourut de tous ses efforts à la nomination de Nerva, renouvelant ainsi l'époque de Romulus, en attendant peut-

---

(1) Voyez les *Considérations sur la grandeur et la décadence des Romains.*

être celle de Tarquin (1). Tel était enfin l'intensité des sentimens de Montesquieu en faveur des Romains, que, comme s'il n'avait pu encore leur donner un assez libre essor, il les exhale à la fin de son livre, qui est le dernier de ses ouvrages, par cette exclamation des Troyens, lorsqu'après une navigation longue et pénible sur une mer orageuse et parsemée d'écueils, après nombre d'incidens, et au sortir d'une nuit obscure, ils découvrent, avec l'aurore, d'abord le sommet des montagnes, puis bientôt les plaines du Latium : « *Italiam! conclamat Achates, Italiam læto socii clamore salutant* (2). »

Il eût été plus digne de l'auteur et de son talent ; peut-être eût-il été plus conforme à sa

---

(1) Voyez ce qui a rapport à la nomination de Nerva. Je ne veux pas dire que Tacite, ni même le sénat, aient eu la pensée de se défaire de Nerva ; mais ce dernier était vieux, puisque ce fut le motif pour lequel l'armée se souleva contre son élection, et il était naturel d'en prévoir une nouvelle, à une époque plus ou moins rapprochée, et qui, au pis-aller, aurait l'avantage de familiariser plus vite les esprits avec l'exercice de ce droit par le sénat. Du reste, on sait que Romulus disparut du milieu de ce corps pendant un orage ; que, depuis lui, la couronne fut élective ; enfin, que Tarquin, dit le Superbe, fut chassé de Rome, pour avoir cherché à rétablir l'hérédité.

(2) Virgile, liv. iv, vers 523 et 524.

position ; il serait surtout beaucoup plus inté-
ressant pour nous aujourd'hui, qu'il eût laissé
planer son génie sur ces vastes monarchies de
l'antiquité, dont. l'existence embrassant plusieurs milliers de siècles, et les révolutions pouvant se comparer à celles de ces grands corps
célestes, qui, dans leur marche plus lente, en
apparence, et leurs mouvemens relativement
plus doux, mais non moins sensibles à l'œil de
l'observateur, décrivent aussi un plus grand
cercle que les autres astres, offrent, avec plus de
données sur la durée des Etats, condition essen-
tielle de toute association politique, et base
première des développemens de l'intelligence
humaine, plus de certitude sur une bonne
organisation sociale. Il ne s'y fût pas moins plu
qu'à étudier les ressorts qui firent mouvoir pos-
térieurement tant de petites républiques, dont
l'existence éphémère, en raison de leur faiblesse
intrinsèque, a encore été souvent abrégée par
l'emploi même des passions nécessaires à leur
entretien, si déjà ces passions ne les avaient pas
rendues le jouet de l'étranger (1); qu'à suivre

______

(1) Voyez à cet égard l'histoire de tant de républiques,
qui, depuis la dissolution du grand empire des Assyriens,
ont existé tant dans l'Asie-Mineure qu'en Europe ; voyez
l'*Histoire de la Grèce.*

si affectueusement les destinées des Romains,
dont la prospérité, l'un des fruits de leurs dissensions, a coûté au monde des flots de sang, le
repos et le bonheur pour des siècles; avec laquelle, enfin, l'éducation avait tellement fami-
liarisé les générations qui nous ont précédés,
que nous avons vu, sous des noms romains, des
hommes de toutes les classes menacer tous les
rois, en frapper même quelques-uns, jusqu'à
ce qu'une nouvelle génération se soit présentée
pour arrêter cet élan.

Le moment est venu de le dire, c'est l'erreur
perpétuelle de toutes les classes, et principalement de certains ordres; c'est celle de diverses
associations, quelquefois de simples réunions fa-
milières, de se croire successivement, ou selon
les occurences, aptes et appelées plus spécialement à régir le monde politique : mais c'est surtout celle de cette classe nécessairement secon-
daire dans tout État bien organisé, et qui, char-
gée des détails de l'administration, ne doit, par
cette raison même, prendre qu'une part indi-
recte aux affaires, si ce n'est par les moyens mo-
raux que son expérience lui suggère; car autrement il en résulte concussion et tyrannie, choses
essentiellement contraires à l'esprit d'association;
et c'est ce qu'à défaut de la connaissance du

cœur humain, l'histoire romaine, en particulier, démontre d'une manière si forte. L'erreur dont je parle fut le partage de cet ordre relevé auquel appartenait Montesquieu, et qui, par la force des antécédens, et particulièrement par la suppression des états-généraux, ayant déjà dans ses attributions la justice, l'administration et l'interprétation des lois dans les provinces, avec tous les moyens de coërcition en son pouvoir, s'était encore attribué un droit de remontrance et l'usage des protestations dans les affaires générales, portant même la résistance aux mesures du Gouvernement jusqu'à cesser ses propres fonctions. Cet ordre aussi se perpétuait par un mode d'élection qui, appartenant au Roi par le droit naturel, mais qui, ayant été abandonné au fisc, par les causes déjà citées plus haut, était laissé par le fait à sa disposition ; néanmoins, trompé par la similitude de son titre avec celui d'une assemblée qui fait partie inhérente du gouvernement d'un État voisin, il croyait pouvoir tenir lieu des états-généraux. Ainsi, tendant insensiblement, et par l'entraînement des esprits autant que par la marche des choses, à un envahissement total du pouvoir, il s'isolait encore à mesure qu'il s'avançait. Mais c'est principalement sur cette matière que

l'histoire nous offre ses leçons diverses, et c'est
à ces leçons que nous renvoyons le lecteur (1) ;

---

(1) La partie connue de l'Histoire du monde, en rapport
avec l'Europe, embrasse dans sa généralité, pour des ob-
servations du genre de celui-ci, trois grands périodes, dont
chacun offre un caractère distinct, et qui met plus à même
de suivre dans chaque histoire particulière les différens
effets des erreurs que nous signalons ici. Le premier nous
montre encore partout les traces de la domination sacer-
dotale, et partout les peuples étaient passés du culte d'un
seul Dieu au matérialisme pur, au culte des astres, à celui
du temps et des élémens, qui furent enfin suivis du culte
de Jupiter, par la nécessité de rétablir les mœurs et de re-
composer la société *. Cette théocratie n'était pas incom-
patible avec l'existence des monarchies, à en juger par
l'exemple de l'Égypte, postérieur en cela, comme en
beaucoup d'autres choses, à ceux des autres peuples ; mais
aussi l'on peut voir dans l'histoire de ce pays à quelles con-
ditions le principe y était maintenu. Le grand empire des
Assyriens sépare ce période d'avec le second.

Le caractère particulier du second période est la prépondérance de la magistrature, c'est le temps des républiques. Cependant plusieurs États, guidés par la première,
recoururent aussi à la monarchie, aussi bien que les peuples
qui, d'abord, s'étaient gouvernés démocratiquement ; mais
ce fut dans le même esprit qui porta la tribu de Juda, chez
les Israélites, à s'emparer de cette institution, après que le

* Voyez, entre autres choses, l'état de la Grèce à l'époque de
l'arrivée d'Inachus, et même de Codrus.

comme nous le renvoyons à l'histoire, particulièrement à celles de l'Egypte et de l'Europe

---

peuple eut eu exigé de Samuël qu'il lui donnât un roi. Tel il arriva chez les Lydiens, où une circonstance relative aux mœurs servit de motif ou de prétexte pour couvrir l'usurpation de Gygès, que Platon, républicain, mais qui pouvait être initié, explique par une chaîne invisible.

A Sparte, où des Doriens que les Héraclides avaient amenés avec eux dans le Péloponèse, formaient, conjointement avec l'ancienne bourgeoisie du pays, une aristocratie militaire et civile qui s'était placée plus haut que le reste des habitans, Lycurgue établit une égalité parfaite entre ses membres, les soumit impérieusement à l'autorité des magistrats, et créa, au-dessus de tous, deux familles dont les chefs se partagèrent le commandement suprême, et l'assurèrent par-là, tant en guerre qu'en paix ; et comme alors les mœurs attiraient aussi spécialement l'attention des législateurs, il régla celles de ses concitoyens de manière à en obtenir le sacrifice le plus complet des sentimens de la nature. Mais les Spartiates ne s'allièrent qu'entre eux ; ils devinrent de plus en plus rigides pour les autres peuples, et cruels envers leurs propres sujets : cela les fit haïr, et nuisit toujours à leurs progrès. Enfin, leur nombre ayant diminué par le laps de temps et par les guerres, ils furent contraints d'admettre des ilotes dans leurs rangs, et même de prendre des rois parmi eux.

Les Mèdes, qui furent les derniers à se donner des institutions, passèrent de l'anarchie la plus complète à un gouvernement monarchique, dans lequel les lois étaient discutées en assemblée publique, et avec une telle crainte

moderne, pour les différens effets, tant politiques que civils, qui peuvent résulter du dé-
veloppement ou de l'absence du droit d'aînesse.

---

d'altérer l'esprit de celles existantes, que celui qui avait à
proposer une loi nouvelle devait paraître à la tribune avec
la corde au cou, s'exposant à la mort si sa proposition
n'était pas acceptée. C'est de cette époque que parlent les
historiens hébreux, lorsqu'ils donnent aux lois des Mèdes
l'épithète d'irrévocables. De même qu'à Sparte, les rois
étaient soumis aux lois ainsi que les autres citoyens, et leur
conduite, comme chefs du gouvernement, était encore sévè-
rement surveillée. Il fut aussi réglé, relativement aux
mœurs, qu'un homme pourrait avoir jusqu'à sept femmes
légitimes, et une femme seulement cinq maris; mais il est
aisé de reconnaître dans ces mesures l'esprit comme la position de ceux qui avaient l'influence, de même que l'on
découvre l'irritation que leur causait leur insuffisance dans
cette abominable particularité du massacre des Scythes à
certain jour de fête, dans toute l'étendue du royaume,
pendant le repas qu'on leur donnait à ce dessein, et sur le
signal de leur roi Xiaxare *. Toute l'armée abandonna ce
roi, quand Cyrus se présenta devant elle, et en lui finit cet

* On se fit un plaisir particulier d'attacher au service des cui-
sines ceux qui avaient échappé au massacre, et l'histoire rapporte
que ceux qui le furent à la cuisine du roi, tuèrent son fils, le firent
cuire, et le lui servirent. Nombre de Scythes avaient cependant pu
s'enfuir chez les Lydiens : le cruel Xiaxare osa les redemander ;
mais les Lydiens indignés refusèrent de les livrer, et soutinrent
contre lui pour ce sujet une guerre de dix ans.

Quant à nous, nous conclurons de ce que nous venons de dire, que, comme institution

état *, qui ne datait que de la chute de Sardanapale. Mais il convient d'entrer ici dans quelques détails sur le caractère et l'esprit de ce période.

Indépendamment de toutes les causes politiques capables d'agiter les peuples et de renverser les États, la dissolution religieuse dont nous avons parlé plus haut, avait été suivie d'une multitude de croyances et de cultes, qui, après avoir d'abord accru à l'infini les embarras du gouvernement d'un seul, avaient donné lieu à des troubles spéciaux, à des divisions politiques, et surtout à des guerres perpétuelles, au milieu desquelles s'étaient élevés grand nombre de princes nouveaux, dont le rapprochement avait diminué insensiblement le respect que le titre ou la personne des rois avait pu inspirer auparavant à toutes les classes, en leur laissant apercevoir que ces derniers étaient également susceptibles d'être mus par les passions et autres faiblesses attachées à l'humanité; et l'utilité de l'institution se faisant aussi moins sentir, l'institution en elle-même perdit de son mérite. D'un autre côté, l'absence de qualités suffisantes dans les princes, trop d'exaltation dans le caractère, une déviation plus ou moins grande des principes constitutifs de l'état de société ou des droits de la nature; enfin, l'ambition des classes ou des agens secondaires, achevèrent contre eux ce que l'on peut appeler proprement une révolution. Tel était l'un des résultats de cette disposition des choses et des es-

---

* Des auteurs parlent de deux Xlaxme, mais Bossuet n'en cite qu'un.

civile, ce droit est une cause perpétuelle de divisions, de supercheries et d'inimitiés dans les

---

prits, lorsqu'Abraham vint s'établir dans le Canaan *. On en voit un autre dans la conduite personnelle de ces rois que les Israélites se firent un mérite de châtier en arrivant dans le même pays ; enfin, cette disposition, jointe à ce qui a rapport aux mœurs, dominait en Grèce dans le temps de ses héros, lors de l'expédition des Argonautes, lorsque Laius exposa son fils OEdipe sur la foi d'un oracle, que d'autres oracles apprirent à celui-ci à quelle caste il appartenait, qu'ils le ramenèrent dans la direction de Thèbes, où il tua son père sans le connaître, et où il épousa Jocaste, également sans savoir qu'elle était sa mère ; mais surtout lorsque les Grecs du Péloponèse, guidés par le divin Amphiaraüs, qui, avant de partir, fit poigrarder sa femme par son fils, marchèrent contre cette ville, qui jusqu'ici n'était connue que pour leur avoir appris à écrire, en apparence dans le but d'obliger Etéocle à partager le trône avec son frère Polinice, où, comme le dit Homère, sous prétexte de mœurs, mais en réalité afin de régénérer Thèbes, qu'en effet on voit passer, à la même époque que les autres villes de la Grèce, du gouvernement monarchique au régime républicain, toutefois avec cette différence que Thèbes y parvient par le malheur du reste de la famille d'OEdipe **, et son remplacement temporaire par une autre ; tandis qu'à Athènes, par exemple, une action héroïque d'une part, et une ironie de l'autre annoncent ce changement. Enfin, le besoin d'imposer de nouveau le respect, dut être ce qui fit prendre

* Par les guerres que s'y firent les Rois.
** Voyez la fin de cette famille.

familles; qu'il peut exposer les États à toutes
sortes d'agitations et de maux, en portant les

---

aux rois mèdes ces titres pompeux de fils du Soleil et de la
Lune, de frères des Étoiles, que les souverains de la grande
Assyrie n'avaient jamais portés, et dans l'emploi desquels
on croit encore reconnaître la position de ceux qui s'étaient
emparé de la direction. L'histoire de la Grèce et celle de
Rome sont connues de tout le monde.

Depuis Moïse, la croyance en un seul Dieu était restée
concentrée dans la Palestine, malgré l'espoir que ce grand
homme avait eu que son peuple aurait formé un empire qui
se serait étendu de la Méditerranée à l'Euphrate. Pour l'en-
courager à cette entreprise, il lui avait promis la réussite
de la part de Dieu même : en effet, tout ce qui se passait
alors dans ces régions devait lui inspirer un semblable
projet. Le grand empire des Assyriens était déjà dissous :
au levant, la Perse et la Bactriane ; au couchant, la Syrie,
toute l'Asie-Mineure, la Grèce et les îles adjacentes ; au
midi, les Arabies en étaient détachées ; il ne lui restait plus
que le cours du Tigre et de l'Euphrate. La partie vers laquelle les Israélites se présentaient, et celle qui leur était
désignée, pouvaient être assujéties d'autant plus facilement,
que les divisions politiques y étaient plus nombreuses ; que
la dissolution des mœurs y était plus grande ; qu'il résultait de l'état de choses existant un plus grand besoin de
réforme, et que ce besoin était senti de toutes manières
par les sages, par une partie des prêtres surtout, mais qui
n'osaient manifester leurs vœux particuliers à ce sujet*, ou
qui étaient mus par d'autres motifs.

* Voyez la conduite et les discours du prêtre de Balaam, ainsi

peuples à se détacher les uns des autres, les classes à devenir ennemies, à abandonner, à

Alors les Mages cherchaient à rallier les peuples de ces vastes régions à un principe unique, sous l'emblême du feu; mais on leur reprochait de favoriser la dissolution des mœurs, ce que leur instituteur pouvait avoir eu dessein de corriger, en sanctifiant des alliances qui étaient devenues communes de son temps *, et de se servir de ce moyen, ainsi que de leur habileté dans les sciences physiques, et de l'éducation qui leur était confiée pour servir leur ambition ; et la lutte que quelques-uns d'eux venaient de soutenir tout dernièrement en Egypte contre Moïse, indiquait assez qu'ils avaient en effet moins à cœur la gloire de Dieu que leur intérêt particulier. Néanmoins, il y avait affinité entre les Mages et les Hébreux, et, aux mœurs près, l'influence des premiers était encore propre à faire naître la confiance. Mais l'organisation des Israélites en douze tribus, bien qu'elles fussent unies fortement entre elles dans l'intérêt de la religion et des mœurs, n'était considérée, sous le point de vue politique, que comme une fédération de républiques, ayant pour lien commun un chef électif pour l'appel de quelques jugemens et le commandement des armées ; et lorsqu'elles eurent pris possession, ou, pour mieux dire, lorsqu'elles eurent fait le partage de la Palestine avec les an-

que celle des prêtres philistins pour engager leur peuple à rendre aux Israélites l'arche qu'il leur avait enlevée, et qu'il avait mise dans le temple de son Dieu Dagon.

* Le culte des Mages semble calqué sur celui de Saturne, qui, lui-même, aurait été un premier correctif à l'influence du matérialisme. (Voyez ce que Plutarque dit des temps de Saturne.)

changer même leur morale, enfin à en devenir plus facilement la proie de l'étranger,* ainsi qu'il

---

ciens habitans, elles se livrèrent presque aussitôt aux dissensions, tant pour motif de mœurs et de religion que pour l'élection du chef politique ; en sorte que, loin d'exécuter le plan de Moïse, elles eurent pendant quatre cents ans de la difficulté à se maintenir, ayant été souvent soumises à des tributs, et même parfois ayant été réduites en esclavage. Que si elles brillèrent un instant sous David et Salomon, dix tribus, sur les douze, se séparèrent sous leur successeur immédiat, pour former un second royaume, qui eut aussitôt à soutenir contre le premier des guerres sanglantes, une accusation de schisme, ensuite un schisme véritable ; tous deux les effets de la haine des maisons régnantes ; événemens dans lesquels ils luttèrent d'atrocités, se trahissant encore mutuellement, jusqu'à ce qu'enfin les deux royaumes ayant été détruits successivement, les douze tribus furent emmenées captives sur les bords de cet Euphrate où elles avaient été appelées à régner, et d'où, après avoir été témoins du renversement du second empire d'Assyrie et de celui de Babylone, Cyrus les avait renvoyées en Palestine, où, sous le nom de Juifs, elles avaient recommencé l'histoire du peuple de Dieu, et y perpétuaient sa croyance, lorsque les Romains, dont ils avaient été les alliés les plus intimes pendant tout le temps que ces républicains avaient fait la guerre aux rois de Syrie, et même qu'ils eussent jamais eu*,

---

* Il y avait affinité entre les Juifs et les Romains. Voyez leurs premières relations, et ensuite la marche des événemens chez les deux peuples tant que les Juifs conservèrent l'apparence d'une existence à part.

arriva aux Egyptiens. Nous en conclurons aussi que l'existence des monarchies se lie intime-

---

étendirent sur eux leur domination par une trahison pire que celle qui leur avait auparavant soumis les Grecs , et s'emparèrent ensuite de leur pays.

L'étendue de la domination des Romains, le besoin de rallier tant de peuples divers, différant encore entre eux de sentimens sur le gouvernement, sur la croyance et le culte ; l'insuffisance sentie de tous ces cultes ; le besoin surtout de ramener à des mœurs conformes à la nature de l'homme et à l'état de société, et dont les vices , les excès et les crimes du temps démontraient de plus en plus l'urgence ; les maux d'autre nature que causait le despotisme avide et cruel de ces mêmes Romains ; leurs persécutions pour causes de religion ; en particulier la résistance du peuple juif dans Jérusalem , défendant ainsi la cause des autres peuples ; ses malheurs, peut-être jusqu'à ses erreurs ; sa dispersion enfin, furent autant de circonstances qui favorisèrent l'établissement de la religion chrétienne.

Le période dont nous venons de parler s'étend depuis le commencement de la dissolution du grand empire des Assyriens jusqu'au renversement de celui d'Occident : sa durée correspond à peu près à celle du culte de Jupiter.

L'esprit militaire, uni à l'esprit religieux, et qui, dans le moyen-âge , rappelle les temps héroïques de la Grèce, forme le caractère du troisième période.

Que si , pour exemple particulier, nous suivons l'histoire de l'Egypte , nous voyons briller de toute sa splendeur le génie des arts, depuis Osiris jusqu'à Sésostris ; c'est aussi l'époque de l'établissement du culte de Jupiter et de Junon , succédant à celui de Saturne et de Rhée. Ceux

ment à l'exercice de ce droit dans les successions aux trônes ; enfin, que la durée des Etats se rattache à l'existence des monarchies ; choses qu'il nous a paru important de rappeler, aujourd'hui surtout que les idées sont plus dans le vague sur ce qui tient à l'essence des sociétés, ainsi qu'à l'organisation des Etats. Quand, d'ailleurs, les passions parlent, les raisonnemens, quelque appréciables du reste qu'ils puissent être sous divers rapports, perdent de leur efficacité ; mais les faits en acquièrent d'autant plus le droit de convaincre.

---

des gens sages qui ne persévèrent pas, avec la majeure partie des prêtres, dans le culte d'un seul Dieu, les femmes* s'empressent de l'adopter, tandis que le bas peuple fait des animaux et des plantes les objets de ses adorations. Cependant l'ancienne religion continue à dominer en Egypte, au moins dans la basse, jusqu'à l'expulsion des peuples pasteurs, et elle s'y maintient encore long-temps après Sésostris comme religion de l'État. Cet espace est pour nous le second période de l'histoire de ce pays. Depuis Sésostris jusqu'à Psammétique, l'esprit militaire prédomine, pour faire place ensuite aux gens d'affaires, particulièrement par l'intromission des Grecs, auxquels les Romains succèdent avec l'esprit qu'on leur connaît : dernier état de choses qui caractérise le quatrième période.

* En Lybie, à Dodone, où ce culte avait été apporté d'Égypte, c'étaient des femmes qui desservaient les autels du Dieu, ainsi que de beaucoup d'autres divinités de la même génération.

FIN.

ERRATA.

Page 8, ligne 10, *au lieu de* donne le sens, *lisez* · donne un sens.

— *id.*, — 13, *au lieu de* et qui, *lisez* : particularité qui.

— 10, — 23, *au lieu de* et depuis, *lisez* : et qui depuis.

— 11, — 8, *au lieu de* et qui, *lisez* : le Sénat enfin qui.

— 14, — 6, *au lieu de* et son ami, *lisez* : est encore son ami.

— *id.*, — 26, *au lieu de* met, *lisez* : Tacite , dis-je, met.

— 21, — 12, *au lieu de* annales, *lisez* : auteurs.

— 25, — 2, *au lieu de* à ce corps, *lisez* : au Sénat.

— 26, — 6, *au lieu de* à eux, *lisez* : avec ces peuples.

— 28, — 2, *au lieu de* en imposer, *lisez* : imposer.

— 60, note, *au lieu de* 1445, *lisez* : 1355.

— 63, *id.*, ligne 6, *au lieu de* marqué, *lisez* : manqué.

— 76, *id.*, lignes 4 et 5, *au lieu de* difficulté, *lisez* : peine.